Drissa SANOGO

La dictature des femmes

Drissa SANOGO

La dictature des femmes

Éditions Muse

Imprint
Any brand names and product names mentioned in this book are subject to trademark, brand or patent protection and are trademarks or registered trademarks of their respective holders. The use of brand names, product names, common names, trade names, product descriptions etc. even without a particular marking in this work is in no way to be construed to mean that such names may be regarded as unrestricted in respect of trademark and brand protection legislation and could thus be used by anyone.

Cover image: www.ingimage.com

Publisher:
Éditions Muse
is a trademark of
International Book Market Service Ltd., member of OmniScriptum Publishing Group
17 Meldrum Street, Beau Bassin 71504, Mauritius
Printed at: see last page
ISBN: 978-620-2-29763-9

La dictature des femmes

(Théâtre)

SANOGO Drissa
(+225) 05 45 76 59 / 02 49 93 81

Notes de l'auteur sur la pièce

Le vieux Ladji, ancien chauffeur de minicar Gbaka, du nom de ces nombreux minicars qui desservent quotidiennement les localités voisines d'Abobo et d'Adjamé, dans la ville d'Abidjan, ne parvient plus à prendre les commandes d'un véhicule à cause d'une ouïe défaillante et une vue très partielle. Réduit à vivre au rythme des sacrifices que son grand ami, le marabout Mory préconise à ses clients, généralement des femmes, surtout des commerçantes fortunées, il passe le clair de son temps auprès de l'homme de Dieu et s'en retourne à son domicile presque qu'immanquablement porteur de galettes sucrées de gnomi et de quelques pièces de monnaie. Ses lèvres sont rouges à force de broyer les noix de cola qu'il reçoit à chacune de ses visites chez cet ami providentiel. Et les sacrifices, ce n'est pas ce qui pourrait manquer chez le marabout dont les grandes qualités de voyance sont reconnues au-delà du quartier Moscou, un regroupement de maisons de planches qui disparait toujours presqu'entièrement et ressuscite instantanément, au gré des pluies et des incendies. Il n'est donc pas rare de voir le pauvre vieillard, par ailleurs muezzin de l'unique mosquée du quartier, emportant fièrement un coq ou de la viande odorante de cabris ou de mouton fraichement abattu.

Malgré le baccalauréat série D obtenu par sa fille Aïcha avec la mention assez-bien, Ladji ne peut lui permettre d'espérer à des études supérieures dans l'une des nombreuses universités et grandes écoles publiques ou privées du pays à cause des frais d'inscription ou de scolarité tout à fait hors de bourse pour la plupart des personnes habitant le quartier Moscou. En effet, les frais d'écolage ont subi des pics d'augmentations ces derniers jours et brisé prématurément les rêves d'ascension longtemps entretenus par la jeune fille. Aussi, se résout-elle à attendre qu'un hypothétique concours soit lancé afin de s'offrir un emploi lui permettant de subvenir à sa propre charge et à celle de ses parents et, peu lui importe la nature du concours ou de l'emploi. C'est cette dernière que le vieux Ladji va jeter dans les bras du vieux commerçant afin de bénéficier des largesses de cet homme dont on dit qu'il comble ses beaux-parents de bienfaits.

La vengeance de la jeune fille contre la vie qui lui offre ce cruel destin apparait finalement comme une dictature, celle instituée par les femmes du riche commerçant qui, montées par la jeune étudiante, tentent de vivre une vie de rêve ; ce qui se fait au détriment du vieux commerçant.

L'œuvre est une fiction. Le lecteur pourra y découvrir un flot d'interrogations tournées vers notre vie actuelle.

SANOGO Drissa

Présentation des personnages

- Hounfa, riche commerçant polygame
- Kalfa, frère du commerçant
- Ladji, muezzin, père d'Aïcha, ami d'Hounfa
- Ali, ami d'Hounfa
- Nan, première épouse d'Hounfa
- Karidja, deuxième épouse d'Hounfa
- Fanta, troisième épouse d'Hounfa
- Aïcha, fille de Ladji, quatrième épouse d'Hounfa
- Amina, mère d'Aïcha, femme de Ladji
- Lucie, coiffeuse, amie d'Aïcha
- Nemlin, ancien camarade de classe d'Aïcha
- Le griot
- Les badauds
- Les promeneurs
- Les voisins du commerçant
- Les jeunes gens
- Les curieux
- Mory, marabout, ami de Ladji
- Le médecin
- Le fou
- L'imam
- Les marabouts
- Les habitants du quartier Moscou

<u>Tableau I</u> : La visite

Dans la boutique du commerçant Hounfa. Le commerçant reçoit la visite de son ami, le vieux Ladji.

***

*

LE VIEUX LADJI

Bonjour Hounfa ! Je vois que ta boutique est pleine de toutes sortes de bonnes choses.

LE COMMERÇANT

Bonjour mon ami, tu sais que le carême commence bientôt. Alors, je m'apprête.

LE VIEUX LADJI

Ah oui, tu l'as dit ; le carême ! Voilà une période très éprouvante pour les femmes. Surtout lorsqu'elles ne sont pas suffisamment nombreuses afin de se relayer ou s'entraider lors de la préparation des différents mets.

LE COMMERÇANT

Heureusement, moi j'en ai trois. Mais, à ce que je sache, tu n'as qu'une seule femme n'est-ce pas ? Dis-moi, tu veux en épouser une deuxième ?

LE VIEUX LADJI

Ne te moque pas de moi, Hounfa. Quel sorte de ménage y'a-t-il chez un pauvre homme comme moi pour nécessiter la présence de plusieurs femmes ? Je pensais à toi qui devais songer à avoir une quatrième femme maintenant. Tu ne vois pas toi-même que tes trois bonnes épouses croulent sous le poids des tâches ? Ça fait pitié de les voir s'affairer çà et là comme des esclaves alors que tu peux alléger leurs souffrances en en prenant une quatrième, très belle, intelligente, jeune et plus vigoureuse encore. Et, réfléchis bien, tu établirais ainsi l'équilibre dans ton foyer avec un nombre pair d'épouses.

LE COMMERÇANT (*Pensif*)

J'avoue que je ne te comprends pas, Ladji. C'est la première fois que tu me parles de la sorte. Je suis sûr que tu as quelque chose de très important à me proposer. Je t'écoute, parle !

LE VIEUX LADJI (*Se voulant persuasif*)

Mon ami, je vais être franc avec toi.

LE COMMERÇANT (*Pressé*)

C'est ce que je te demande.

LE VIEUX LADJI

Ce que je vais te dire là n'est plus un secret pour personne. T'en parler honnêtement ne serait donc que te libérer de quelques tourments que tu t'affliges inutilement.

LE COMMERÇANT (*Au bord de l'agacement*)

Alors, tu te décides à me livrer enfin le contenu de ta pensée ? Je n'en peux plus de t'attendre tourner autour du pot.

LE VIEUX LADJI

Tout le monde sait ton attirance pour la jeune et jolie Aïcha qui vient d'obtenir le baccalauréat. Bien que discrets, tes coups d'œil furtifs à son égard ne sauraient échapper à quelqu'un d'aussi avisé que moi.

LE COMMERÇANT (*Honteux*)

Mon ami, tu sais, ta fille est également mienne et ...

LE VIEUX LADJI (*Enervé*)

Ne joue pas à ce jeu avec moi. Je suis son père et en tant que tel, je te pose la question suivante : Veux-tu l'épouser ?

LE COMMERÇANT (*Son regard s'illumine*)

Elle ne voudra jamais d'un vieil homme comme moi.

LE VIEUX LADJI (*Dépité*)

Depuis quand un enfant fait-il un choix contraire à celui de ses parents ? Aïcha est ma fille, mon sang. Elle ne saurait jeter l'opprobre sur notre famille en s'illustrant de façon indigne.

LE COMMERÇANT (*Libéré*)

Tu sais, je suis très intéressé en réalité. C'est une idée que je répugnais à te révéler tout simplement parce que j'avais peur que notre amitié n'en soit négativement affectée. Et puis, je ne suis jamais allé à l'école des Blancs et trouvais peu probable, l'aboutissement de mon rêve. En outre, en ce vingt et unième siècle dominé par internet et autres procédés de communication, plus que de simples enfants, nos progénitures sont susceptibles de comportements surprenants.

LE VIEUX LADJI (*Victorieux*)

Eh bien, mon cher ami, sache que je préfère la voir sous ton toit plutôt que d'attendre qu'elle se fasse sauvagement engrosser par l'un de ces bons à rien qui foisonnent dans nos rues. Aussi, te permettrai-je de concrétiser ton rêve. Mise à part notre amitié qui remonte à notre tendre enfance, je ne suis pas insensible à tes nombreux cadeaux. Tu n'as plus à faire la preuve de tes immenses qualités humaines et ce sera pour moi un réel honneur de contribuer pour une part modeste à ton bonheur.

LE COMMERÇANT (*Comme emporté*)

Tout ce que je possède est aussi à toi, mon ami. Que te faut-il ? demande ce que tu veux et tu l'auras !

LE VIEUX LADJI (*Embarrassé*)

(*Bégayant*) Tu ... tu... sais, ... Tout ce que je vois ici est important.

(*Sur le champ, le vieux commerçant fait charger un pousse-pousse de toutes sortes de marchandises, guidé par le regard du vieux Ladji dont les yeux, très instables, sautillent d'un carton de savons à un sac de riz puis à divers autres produits.*)

<u>Tableau II</u> : L'impuissance d'Amina

Chez le vieux Ladji. Amina, la femme du vieil homme est étonnée de voir son mari arriver avec autant de marchandises.

* * *
*

AMINA (*Etonnée*)

Mais, Ladji, d'où sors-tu avec toutes ces marchandises ?

LE VIEUX LADJI (*L'air préoccupé*)

Femme curieuse, occupe-toi plutôt de faire ranger les marchandises dans la cuisine ! (*Il appelle sa fille.*) Aïcha ! Mais, où est-elle ? N'y a-t-il ici, personne pour m'apporter à boire ?

AMINA (*Ecœurée*)

Toi aussi, pour une fois que tu arrives aussi chargé, toutes sortes d'idées tournent dans ta tête. Tu sais très bien que ta fille va tous les matins aider sa camarade Lucie à tresser ses nombreuses clientes. Et cela lui permet de se faire quelques sous. (*Après avoir indiqué où décharger les bagages, elle apporte de l'eau à son mari.*)

LA MÊME

Tiens, voici de l'eau ! Bois et explique-moi tout ce que je dois savoir !

LE VIEUX LADJI (*Après avoir bu*)

Les marchandises que tu vois là nous sont gracieusement offertes par un vieil ami ; le riche commerçant Hounfa.

AMINA (*En alerte*)

Et pourquoi cela ? Il y a longtemps qu'il nous connait, pourquoi est-ce maintenant qu'il sent notre importance ?

LE VIEUX LADJI (*Gêné*)

Ah les femmes ! Depuis quand est-ce qu'il est mauvais de faire ou recevoir des cadeaux ? Voici ! Tu sais qu'Hounfa est très gentil avec tous ses beaux-parents. Remercie le ciel car tu seras bientôt son heureuse belle mère.

AMINA (*Surprise*)

Quoi ? Tu veux donner notre unique fille à ce vieillard qui va bientôt mourir ?

LE VIEUX LADJI (*Stupéfait*)

Laï laha ! Qu'est-ce qui ... Qui donc va le tuer si ce n'est-toi ? Vipère ! Sache femme, que j'ai le droit de donner ma fille en mariage à qui je veux. Et, ce n'est pas toi qui va m'en dissuader. Vois déjà tous ces cadeaux ! Voudrais-tu que je les refuse et les retourne ? Imagine plutôt ce qui se passera quand ce riche homme épousera notre fille ! En tout cas, si toi tu n'as pas honte, je te dis que moi, je suis fatigué de vivre des sacrifices des clients du marabout Mory.

AMINA (*En colère*)

Et, tu penses qu'elle sera d'accord ?

LE VIEUX LADJI

N'oublie pas que je t'ai toi-même épousée avec la caution de tes parents. Si ta fille n'est pas comme toi, je saurai que tout est ta faute. De toute façon, l'imam lui-même a dit dans un sermon que l'on peut divorcer d'avec une femme musulmane qui s'opposerait à son bonheur.

(*Impuissante, la pauvre dame fond en larmes.*)

<u>Tableau III</u> : La rumeur

Dans la cour du commerçant. La rumeur du probable mariage de leur époux avec la jeune étudiante est parvenue aux oreilles des trois femmes. Elles en discutent tout en s'affairant aux tâches domestiques.

* * *
*

NAN, LA PREMIÈRE FEMME (*A la troisième*)

Alors Fanta, il semble que ton règne soit bientôt terminé.

FANTA (*Etonnée*)

Mais, qu'y a-t-il Nan ?

NAN

La rumeur coure que notre mari convoiterait une quatrième épouse et tu me demandes ce qu'il y a ? Ton charme se serait-il effrité au point de le conduire à cette extrémité, toi qui, peu de temps auparavant, semblais détenir tout pouvoir dans cette demeure ?

FANTA (*Confiante*)

Ne raconte pas des idioties, Nan ! Hounfa ne pourrait jamais avoir une femme aussi jeune et aussi instruite que moi. En outre, avec ce qu'il lui reste d'énergie, commettre une telle erreur serait se suicider.

KARIDJA, LA DEUXIÈME ÉPOUSE (*Offusquée*)

Ne m'insulte pas, Fanta ! Je suis aussi jeune et aussi instruite que toi qui a le BEPC. Tu sais au moins que j'ai fait la classe de troisième. Et, c'est uniquement la misère de mes parents qui ne m'a pas permis de présenter cet examen que j'aurais à coup sûr réussi. J'étais aussi brillante que tu ne l'étais à ton époque.

FANTA

Excuse-moi si je t'ai vexée par mes propos, grand-sœur ! Je voulais seulement dire que notre mari était trop âgé pour vouloir se prendre une épouse supplémentaire qu'il ne pourrait entretenir qu'avec grand peine. Je sais très bien qu'à l'exception de notre époux qui n'a fait aucun jour de classe, nous sommes toutes scolarisées. Même Nan a fait la classe de quatrième et était admise en classe supérieure lorsque ses ambitions ont été stoppées net par le mariage contracté avec Hounfa.

NAN (*En colère*)

Ai-je bien entendu mon nom ? Ah bon, je vois votre complicité. Je suis votre ainée et pratiquement aussi, celle qui, la première, a contribué à asseoir la fortune de celui que vous appelez fièrement aujourd'hui votre mari. Eh bien, toutes deux ne seriez parvenue qu'au niveau de la troisième, n'est-ce pas ? Si les rumeurs disent vrai, la nouvelle épouse serait sur le point de s'inscrire à l'université.

FANTA ET KARIDJA (*Stupéfaites*)

C'est qui ça ?

NAN (*Victorieuse*)

Sortez un peu et vous le saurez !

FANTA (*Découragée*)

Quand je sais qu'il n'a plus sa vigueur d'antan !

NAN (*Révoltée*)

Il fallait le voir lorsque Karidja est arrivée ici. Il lui consacrait tout son temps. Cette pieuvre l'a vidé de toute sa substance.

KARIDJA (*Sur la défensive*)

Nan, toujours jalouse malgré le temps ! Est-ce ma faute si tu t'es révélée totalement incapable de garder ton homme pour toi seule ? Sache que j'ai moi aussi enduré ce supplice lorsque Fanta a adhéré notre foyer.

FANTA (*Sur la défensive*)

Attention vieilles sorcières ! Qui me cherche me trouvera.

NAN

En tout cas, moi je ne vois pas d'un mauvais œil l'arrivée imminente de la quatrième épouse d'autant que les informations que j'ai en ma possession semblent toutes montrer que c'est la petite Aïcha, la fille du vieux muezzin Ladji ; une fille très respectueuse. Elle pourrait m'aider à établir l'équilibre dans ce foyer où je suis injustement persécutée. (*Sur ce, elle quitte ses coépouses et s'enfonce dans sa chambre tout en leur lançant au passage : l'heure de ma vengeance a enfin sonné.*)

Tableau IV : Le secret d'Aïcha

Dans la concession du vieux Ladji. Amina s'entretient avec sa fille Aïcha. Elle lui révèle le projet de son père et tente de la convaincre d'accéder à la volonté de ce dernier. C'est alors que sa fille lui révèle un terrible secret.

* * *
*

AÏCHA (*Ironique*)

Maman, je ne sais pas si tu es au courant de l'étrange rumeur qui coure ces derniers jours les rues de notre quartier. Lucie et moi en avons ri toute la journée.

AMINA

Quoi donc ma fille ?

AÏCHA

L'on annonce partout que l'ami de papa, le vieux commerçant Hounfa projetterait de faire de moi sa quatrième épouse et que mon père n'y trouverait pas d'objection.

AMINA

Tu sais ma fille, on n'a pas vraiment besoin d'être jeune pour faire un bon époux.

AÏCHA

Tu m'inquiètes maman. Il est très vieux, tu le sais bien. Et puis, il a jusqu'à trois femmes. Ça ne fait pas un peu trop pour un homme ? D'ailleurs, je considère sa première épouse comme toi, ma propre mère. Et ce que je ne comprends pas, c'est que tu réagis comme si la rumeur disait vrai.

AMINA (*Les yeux pleins de larmes*)

Sache, ma fille, que ce n'est pas une simple rumeur. Tout cela est vrai. Et je t'exhorte à accepter ce mariage malgré la répugnance que cela t'inspire.

AÏCHA (*Suppliante*)

Maman, je ne pourrai jamais être heureuse dans ce foyer, et tu le sais. Aide-moi à éviter cet horrible destin plutôt que de m'encourager à l'embrasser. Même si les modestes moyens de papa s'avèrent incapables à m'ouvrir les portes de l'université ou d'une grande école, il y aura bien un jour un concours qui me donnera des chances de m'offrir un emploi dans l'administration.

AMINA

Tu as réfléchi à qui payera les frais d'inscription ?

AÏCHA

J'y ai pensé, figure-toi, maman. C'est justement pour cela que j'aide quotidiennement mon amie Lucie à coiffer ses nombreuses clientes. Tu sais, mon niveau d'instruction me met dans une position confortable pour briguer des postes divers et le peu d'argent que j'engrange auprès de la coiffeuse, me permettra bien de payer le droit d'inscription du premier concours qui se pointera. Je ne m'amuserai pas, maman ; j'en serai admise du premier coup. Il n'est donc pas question que je devienne la quatrième épouse d'un vieillard, fut-il même aisé.

AMINA (*En sanglotant*)

Tu ne penses pas que ton refus de l'épouser pourrait me coûter mon foyer ? Voudrais-tu me voir malheureuse ? Même si notre famille est pauvre, je suis quand-même respectée en tant que femme mariée. Que deviendrais-je si, par ton entêtement, je perdais mon foyer ? Je n'ose même pas l'envisager. Plutôt mourir que d'en arriver à cette affligeante situation ! Je t'informe que le mariage est déjà programmé. Où crois-tu que nous prenons les riches aliments que nous cuisinons actuellement ?

AÏCHA (Résignée)

Pour toi, maman, j'endurerai toute souffrance. Je ferai tout pour te rendre heureuse. Aussi, accepterai-je ce mariage qui m'est cruellement imposé. Toutefois, ... (*Elle n'a pas le temps de terminer sa phrase.)*

AMINA (*Soulagée*)

Dieu te le revaudra, ma fille.

AÏCHA (*Comme emportée*)

Sache maman, que je me vengerai. Je me ven-ge-rai !

- De cette injustice et de ses auteurs
- Des hommes et de leurs folles passions
- De ce monde et de ses règles iniques
- De l'indifférence et de la cruauté.
- Je me ven-ge-rai
- Oh oui, je le ferai, moi Aïcha, bien sûr que je me vengerai.

(L'arrivée inopinée du vieux Ladji interrompt les deux interlocutrices. Aïcha sort de la maison.)

* * *
*

LE VIEUX LADJI (*Sur un ton autoritaire*)

Ai-je bien entendu le mot vengeance ? Mais, de quelle vengeance parle-t-on dans ma maison ?

AMINA

Depuis quand t'immisces-tu dans les affaires qui ne concernent que les enfants ?

LE VIEUX LADJI (*Sur un ton colérique*)

Je ne suis pas un enfant. Quiconque éduque mal sa fille finit par regretter son acte. Comme le dit un adage de chez nous : si tu fais de ton fils, un sous-préfet, eh bien, sache que le premier impôt, c'est toi qui le lui payera.

(Le vieux Ladji abandonne ses sandales devant la porte et traverse le salon en direction de sa chambre.)

* * *
*

AMINA (*A voix basse*)

De quelle vengeance parle Aïcha ? Bon Dieu, fasse que cette enfant se maitrise afin de ne pas m'occasionner des désagréments !

(Amina entre dans la cuisine toute songeuse.)

<u>Tableau V</u> : La cérémonie de mariage

La grande cour de la mosquée. Une foule compacte est réunie. On échange amicalement. Un griot fait l'éloge du riche commerçant. Un fou s'invite aux festivités.

* * *
*

LE GRIOT (*S'adressant au commerçant*)

Hounfa ! Homme, tu es, homme des hommes, tu es également. Enfant digne, fils espoir, vivier béni. Toi qui, comme ton père, et avant lui, ton grand père, respectes scrupuleusement la tradition de ton honorable famille en prenant ta quatrième femme, qu'aurais-tu encore à prouver ? Assumer courageusement son destin, perpétuer la tradition de ses pères. Gérer un harem avec assurance et fierté dans cette vie où tout représente un réel défi à l'individu et offrir une postérité glorieuse aux ancêtres. Oui, tu l'as fait, tout le quartier Moscou t'est témoin. (*Le commerçant hoche la tête d'approbation et lance en direction du griot un billet de banque. Ce dernier le saisit promptement et l'engloutit dans l'une des poches de son boubou. Mais, sortant de nulle part, un fou fait une brusque apparition dans la foule et trouble la paisible ambiance de fête.*)

LE FOU (*Prolixe et hermétique*)

La vie et la mort sont sœurs, la paix et la guerre aussi, de même que la quiétude et l'amertume, la jeunesse et la vieillesse ...(*Tournoyant subitement sur lui-même, puis, vivement*) La construction et la destruction !(*Mollement*) Toutefois, deux à deux, elles se nient mutuellement comme le font l'eau et le feu. (*Se tournant vers le commerçant*) Le chat et les souris font-ils bon ménage ? (*Vivement*) Le plaisir ! Voici le problème ! Dites-le moi : (*Suivant du regard et de l'index droit, un point imaginaire dans le ciel, et continuant plus mollement*) La goutte d'eau salvatrice des dieux serait-elle en quête de ... (*Montrant quelque élément invisible apparemment mobile de l'index gauche, sur le sol*) ... la graine de dispute des abysses afin de la féconder ? Ah, le plaisir ... ! (*A voix haute*) la vengeance ! (*Levant le point en direction de la nouvelle épouse qu'entoure un groupe de femmes*)... La dictature... Car c'est de cela qu'il s'agit ; la dictature du faible sur le moins faible. Et qui pourrait me dire qui est le plus faible ? (*Courant subitement vers la sortie de la cour, puis, faisant de brusques arrêts en ponctuant de ses pas le rythme de ses derniers propos*) la dictature ... la dic-ta-ture ... la dicta-ture. (*Il rit*) ah ah ah !

(*Le fou sort de la cour et disparait aussi soudainement qu'il était apparu. Aïcha et sa mère échangent de brefs regards interrogateurs et la fête continue avec sa fébrilité du départ.*)

Tableau VI : L'accueil de la nouvelle venue

Dans la cour du commerçant. Les méthodes innovantes de la nouvelle épouse ne laissent pas indifférentes les trois premières épouses d'Hounfa.

* * *
*

NAN (*À Aïcha*)

Ma fille, sache que ton arrivée dans ce foyer me réjouit fortement le cœur.

AÏCHA (*Etonnée*)

Tu n'es donc pas vexée, mère ? J'ai pourtant eu l'impression que l'on voyait d'un mauvais œil ce mariage.

NAN

Moi, je ne vois franchement pas pourquoi détester que ma fille me rejoigne dans mon foyer. Je ne suis plus très jeune et ton arrivée ne pourra que me dispenser de certaines peines. Si tel est ton choix ma fille, je le respecte. Il n'en est pas le cas pour les deux autres femmes à qui tu inspires des craintes viscérales.

AICHA (*Etonnée*)

Nan, tu dis qu'elles auraient peur de moi ? Mais, pourquoi donc ?

NAN

Je pense que tes talents de charmeuse d'homme les déstabilisent et elles craignent que tu ne t'accapares seule notre mari. Tes méthodes sont tellement originales ! Hounfa semble transformé depuis ton arrivée.

AÏCHA

Tu veux surement parler de ma façon de présenter le repas sur la table. Tout cela, je l'ai appris à la télévision et lors de mes nombreuses aventures sur internet.

NAN

Ce n'est pas tout. On t'a vu surtout l'embrasser sur les lèvres. Personne ici ne l'avait encore fait, même pas moi sa première femme qui l'ai connu pendant qu'il était plus jeune. C'est sûr, toi au moins, tu l'aimes sincèrement.

AÏCHA

Nan, ce n'est pas pour rien que je t'appelle mère. Peux-tu garder un secret ?

NAN (*Surprise*)

Qu'y a-t-il ma fille ?

AÏCHA

Ne pense pas que je puisse venir te disputer ton mari dans ce foyer où tu es impunément abusée par un homme dont les attitudes respirent l'aventure. Je n'aime pas du tout Hounfa. En tout cas, pas en tant que mari. J'agis par devoir vis-à-vis de ma mère. Mon refus d'épouser ce vieillard qui détruit ma vie par ses projets éhontés et irréfléchis aurait très certainement occasionné le divorce de mes parents. Nan, je me vengerai. Et, pour cela, j'affute mes armes. Ce riche vieillard ne sait pas encore qu'il vit là ses derniers instants de paix.

* * *
*

Pendant que Nan et Aïcha discutent dans un coin de la cour, Fanta et Karidja discutent également dans une chambre de la concession.

* * *
*

FANTA

Karidja, est-ce que tu as vu ce que j'ai vu hier ?

KARIDJA

Quoi donc ma sœur ?

FANTA

La nouvelle venue ! Elle l'a embrassé sur les lèvres comme font les jeunes gens et les jeunes filles de maintenant quand ils sont très amoureux. Que ne feraient donc pas les petites salopes aujourd'hui pour arracher à leurs ainées leur mari ? Dire qu'elle a sué pour décrocher le baccalauréat, rien que pour atterrir dans notre foyer et nous livrer une rivalité aveugle plutôt que d'aller à l'université.

KARIDJA

Aller aussi loin dans les études et troquer tout ce sacrifice contre une vie misérable de quatrième épouse chez un vieillard analphabète ; comme c'est désolant ! J'aurais dû écouter les avertissements de ce marabout de Mory et procéder immédiatement à l'immolation d'un mouton blanc afin de détourner le regard de cette peste de notre mari.

FANTA

Ma sœur, ainsi, le grand marabout t'en avait averti ? Et puis tu as négligé ses recommandations ? Ma sœur, tu nous as tuées.

(L'arrivée inopinée du vieux commerçant met prématurément fin aux conciliabules.)

<u>Tableau VII</u> : La transformation d'Hounfa

Dans une rue du quartier Moscou. Les changements radicaux dans les habitudes du vieux commerçant suscitent des interrogations chez les habitants. Au détour d'une rue, des badauds en discutent.

* * *
*

PREMIER BADAUD

Dis, mon pote, tu n'as rien remarqué de bizarre chez le vieux Hounfa ? Depuis qu'il a épousé la jeune étudiante-là, il n'est plus le même.

DEUXIÈME BADAUD

Tu parles ! C'est aussi visible que le soleil dans le ciel par une belle journée. Ce vieillard qui ne semblait auparavant avoir pour seul accoutrement que son légendaire boubou n'a apparemment plus que des tenues de jeunes gens comme nous. Et, tu sais quoi ? On dirait qu'il fume maintenant.

TROISIÈME BADAUD

Les gars, vous ne savez pas que c'est à cause des jeunes gens du quartier qu'il fait tout ça ? Il parait qu'il ne supporte pas de voir sa nouvelle femme Aïcha en compagnie des jeunes gens de son âge. Etre aussi jaloux à un si grand âge, c'est vraiment déshonorant.

PREMIER BADAUD

Je comprends maintenant l'attitude de ce vieillard dont on raconte partout que la jeunesse a été essentiellement marquée par une conquête effrénée des jeunes filles. Ainsi, il aurait peur de vivre ce qu'en son temps il aurait fait souffrir tant de ses victimes. La vieillesse est une réalité qu'il refuse d'assumer.

TROISIÈME BADAUD

Espérons que sa conversion à l'islam, puis ses nombreux départs pour la Mecque l'aient considérablement assagi.

PREMIER BADAUD

Je serais étonné que ce soit le cas car la nouvelle épouse à qui il aurait avoué l'aimer plus que les autres semble être la mieux traitée de sa maison. Aux dires de la concernée, elle serait pratiquement la seule femme du commerçant à réussir à lui faire revivre ses émotions de jeune séducteur passionné ressenties en compagnie des belles créatures d'antan.

TROISIÈME BADAUD

Ainsi, elle t'aurait confié des secrets de sa maison ?

PREMIER BADAUD

Pas à moi, mais à mon ami Nemlin qui était un de ses camarades de classe. Elle lui aurait confié de grands secrets, notamment une vengeance qu'elle préparerait dans l'ombre.

DEUXIÈME BADAUD

Apparemment, l'arrivée de la nouvelle épouse plonge le vieillard dans ses souvenirs de jeunesse. Maintenant, je vois pourquoi ses cheveux auparavant aussi blanc que du coton sont redevenus étrangement noirs comme ceux des jeunes gens comme nous. Entre nous, reconnaissons quand-même que ce n'est pas du tout mal, ses accoutrements actuels, très tendances, qui tranchent avec le passé. (*Rires*)

TROISIÈME BADAUD

Franchement, ce n'est pas étonnant que ce vieillard polygame, qui se crée un monde imaginaire en vivant en déphasage avec la réalité ait piqué une crise, seulement une semaine après qu'il a épousé une adolescente.

DEUXIÈME BADAUD

Tu veux parler de l'accident vasculaire cérébral, le fameux AVC qui a failli l'emporter ? (*Rires du groupe qui se disperse.*)

<u>Tableau VIII</u> : La jalousie

Devant la cour du commerçant, une animation inhabituelle se tient. Il s'agit de la jeune Aïcha s'entretenant avec des jeunes gens de son âge. L'arrivée inattendue du vieillard disperse la foule.

* * *
*

Le vieillard regarde s'éloigner indolemment un adolescent qu'il a manifestement reconnu. C'est Nemlin, la coqueluche des jeunes filles de Moscou. Très jaloux, comme à ses premiers rendez-vous de jeunesse, il ne peut se faire à l'idée que la plus élue de son fragile cœur se lie d'amitié avec ce dernier, pas plus qu'avec aucun autre des jeunes gens du voisinage d'ailleurs, ces va-nu-pieds à qui l'on devrait apprendre encore comment porter le pantalon. Lui, Hounfa, grand musulman très respecté dans tout le quartier, dire qu'il est déjà allé plus de trois fois en pèlerinage à la Mecque, au-delà des exigences du coran et voir son épouse causant familièrement avec des gamins que trahit une petite barbe d'adulte, mais qui, même utilisant une ceinture à leur pantalon, gardent le vêtement à mi- fesses, comme étrangers à toute notion de honte ou de dignité. Le vieillard a des larmes aux yeux à la seule vue de ces gens irresponsables qui, bien qu'alignant des grossesses auxquelles ils ont appris à se dérober, semblent peiner à choisir entre le sexe féminin et le leur : coiffures de tresses sur la tête et oreilles percées et portant des boucles d'oreilles malgré une barbe bien visible sur le menton, narines percées à la manière des bœufs d'attelage, bijoux de taille disproportionnée. Les yeux rougis par une rage indescriptible, il s'enfonce dans la cour à la suite de son épouse.

* * *
*

LE COMMERÇANT (*En colère*)

Ah bon, comme ça, ils ne se donnent même plus la peine d'attendre que tu leur rendes visite. Maintenant, ce sont eux-mêmes qui viennent te voir, jusque chez moi. Quand vas-tu enfin arrêter d'échanger avec ces garnements ?

AÏCHA

(Silencieuse, elle se dirige vers l'intérieur de la concession) Qu'y a-t-il encore Hounfa ? J'en ai assez d'être surveillée !

LE COMMERÇANT

Même si tu connais ces jeunes gens, tu es mariée à présent. Et, comme une femme mariée, tu dois te faire respecter. (*Rageusement*) Et, le respect, ça se mérite !

AÏCHA (*Nerveusement*)

Ce ne sont que d'anciens camarades de classe, rien de plus.

LE COMMERÇANT

Le jeune homme à la barbiche, qui est-ce ?

AÏCHA

Tu veux dire Nemlin ? Il était trois bancs en arrière de ma position en classe. Il me racontait comment il avait échoué de peu à l'examen du bac et son intention de réessayer l'année prochaine.

LE COMMERÇANT

Ça c'est son affaire. Franchement, je ne suis pas étonné qu'il ait échoué. Il devrait d'abord apprendre à porter correctement le pantalon au lieu de disputer aux gens équilibrés les diplômes que la société destine aux génies. Pour l'heure, il peut se contenter de ravir la palme à ses camarades dans l'art d'engrosser les jeunes filles sans en prendre soin. L'enfant que ton amie Lucie peine à nourrir avec le peu d'argent que lui procure la coiffure, c'est bien lui qui le lui a offert n'est-ce pas ? Hier, c'était elle et maintenant c'est ton tour. Je commence à me demander si tu étais prête à te marier.

AÏCHA (*Déchainée*)

Je n'ai pas réussi à persuader mes parents qu'il m'était impossible d'épouser un vieillard attendant une mort imminente et évidente. Le résultat, tu le connais, je suis là, chez toi.

LE COMMERÇANT

Pourtant, je fais tout pour te rendre heureuse. Je pense qu'on mériterait d'arrêter cette conversation qui me semble aller un peu trop loin.

AÏCHA (*Décidée*)

(*Elle se dirige d'un pas alerte vers sa chambre tout en jetant au vieillard débout, la mine perplexe.*) La récréation est bientôt terminée !

<u>Tableau IX</u> : La fin de la récréation

Dans la cour du commerçant. Les méthodes innovantes de la nouvelle venue sont à leur apogée. La maisonnée oscille entre surprise et jalousie.

* * *
*

Alors que son tour de faire la cuisine arrive, Aïcha sert un repas succulent à ses coépouses et leurs enfants, et prépare, pour le repas du soir, de la très belle vaisselle parfaitement disposée de manière à présager contenir quelque très bonne chose à grignoter à l'intention de son infortuné mari. D'ailleurs, une bouteille de sucrerie, remplie d'un liquide limpide et soigneusement posée sur la table, à côté dudit plat en dit long sur la nature du fameux repas qui, de toute évidence, s'annonce riche et très copieux. Les odeurs appétissantes provenant de la cuisine n'étaient-elles pas là pour l'attester ? Le vieillard, le visage débordant d'un sourire juvénile, après avoir jeté un regard distant à ses trois premières épouses comme s'il s'agissait de personnes totalement inconnues troublant la quiétude de sa demeure, se frotte chaleureusement les mains l'une contre l'autre, dans une cuvette d'eau tiède que la nouvelle venue, aux méthodes révolutionnaires en termes d'innovation et d'évolution, avait posée sur une petite moquette, près de la table au repas, puis après les avoir soigneusement essuyées avec une serviette de table fleurie, est quelque peu distrait par une émission de la télévision, et presque sur le point d'enlever le couvert pour se jeter précipitamment sur son prétendu repas. Les trois autres femmes ne savent encore rien du stratagème de la jeune vengeresse.

* * *

*

KARIDJA (*A voix basse*)

Fanta, tu vois ce que je vois là ? Nous qui disions que la petite en avait fini de nous faire voir avec la mode !

FANTA (*Sur le même ton*)

C'est grave ! En tout cas, si elle continue comme ça, on peut dire adieu à notre foyer. Ce vicieux de vieillard friand de petites filles ne nous regardera plus.

NAN (*La même précaution*)

Je pense, mes sœurs, que cette petite va toujours nous étonner un peu plus. Mais là, il y a manifestement problème. De toute évidence, elle prépare quelque chose.

Mais, pourquoi se presser de voir ce qui vient à soi ? La sagesse commande d'attendre. En tout cas, le repas de ce soir est vraiment délicieux ; une vraie cuisine d'experte !

KARIDJA (*A voix basse*)

Vous avez vu comment il nous a regardées ? Il n'a même pas salué.

FANTA (*Toujours à voix basse*)

Cette fille est une vraie peste. J'en étais sûr depuis qu'elle a mis les pieds dans cette maison. Eh Dieu, elle nous a volé le cœur de notre mari sous le nez.

* * *

*

Le commerçant commence à ôter le couvert fleuri, faisant ainsi découvrir un pan de l'immensité du talent d'Aïcha, tandis que Fanta et Karidja l'observent silencieusement, le cœur battant de jalousie. Tout à coup, le mari ouvre la première soupière censée contenir du riz très odorant.

* * *

*

LE COMMERÇANT

(*Il découvre, pétrifié, de la vaisselle parfaitement neuve et vide.*)

Han !

KARIDJA (*Morte de stupeur*)

(*A voix basse*)Fanta, tu vois ce que je vois-là ?

FANTA (*A voix basse*)

C'est bien fait pour lui. Il n'a pas dit que son appétit pour les jeunes filles est insatiable ?

NAN (Etonnée)

Koutoubou !

AÏCHA (*Apparemment étonnée*)

(*Elle était occupée à feuilleter un magazine, assise devant la télévision et fredonnant gaiement un de ces airs de jeunesse comme le font les jeunes gens et les jeunes filles, les oreilles branchées sur les sons de musique des DJ.*) Qu'y a-t-il mère ? T'es-tu fait mal ?

LE COMMERÇANT

(*Il pique une crise.*) Je meure, aidez-moi !

NAN

Au secours, mon mari fait une crise. Qu'on alerte le voisinage afin de le conduire à l'hôpital !

AÏCHA (*Indifférente*)

J'espère pour lui, qu'il s'offrira le privilège de mourir pour de vrai cette fois. (*Lorgnant de l'œil son mari*) Ah, le poids des épreuves !

* * *

*

Le commerçant est conduit à l'hôpital où le médecin diagnostique un accident vasculaire cérébral ; c'est un deuxième AVC. Une fois de plus, il s'en sort de justesse, mais avec cette fois, une légère paralysie du côté gauche de la face.

<u>Tableau X</u> : Le retour du malade

Dans la cour du commerçant. Hounfa vient d'arriver. Il se déplace avec peine, s'appuyant lourdement sur des béquilles.

* * *
*

FANTA

Tu es donc moralement aussi faible que ça ? Et dire que tu te permets tout dans cette maison, infligeant de très vives douleurs morales à nous tes femmes ! En tout cas, moi je n'échouerai pas comme Aïcha : une pincée de poison bien dosée dans ton repas et te voilà, prêt pour le rendez-vous de l'au-delà.

LE COMMERÇANT (*Transi de peur*)

Je sais que tu ne feras jamais ça, toi que j'ai toujours chérie. D'ailleurs, je sais que le repas que tu me présenteras aujourd'hui sera un des plus délicieux que tu aies jamais préparé.

FANTA

Même malade, je vois que tu gardes l'odorat très sensible. Ainsi, tu as deviné que je t'ai préparé le repas dont tu raffoles ; le couscous à la sauce claire assorti de viande de poulet. (*Elle lui indique le met posé sur une petite table.*) Voici, tu peux te régaler.

* * *
*

Le commerçant se précipite sur une chaise, près du repas et fait rouler sur le côté le couvercle de la soupière contenant la sauce d'où s'échappe une odeur très appétissante. Mais, au lieu de manger gloutonnement comme il en a l'habitude lorsqu'on lui présente cette spécialité culinaire, se contente de se laver les mains puis marque une pause très longue, visiblement absorbé par des pensées.

* * *
*

Mais, qu'attends-tu pour manger afin que je puisse laver la vaisselle sale et l'apprêter pour le soir ?

LE COMMERÇANT

Je crois que je suis déjà rassasié. En fait, je n'ai pas vraiment faim. C'est à cause de l'eau fraiche que tu m'as servie dès mon arrivée. J'en ai certainement trop bu.

FANTA (*Insistante*)

Tu n'as surement pas bien regardé dans le fond de la soupière. Le gésier que tu adores tant s'y trouve, sans oublier une grosse cuisse bien tendre et charnue.

LE COMMERÇANT (*Dubitatif*)

C'est que ... j'ai subitement la nausée. Je ne pourrais avaler la moindre nourriture sans la rendre immédiatement.

FANTA

Essaie au moins d'avaler quelque chose afin de reprendre un peu tes forces !

LE COMMERÇANT (*Exaspéré*)

Voilà, je ne mange pas ! Je ne suis pas né de la dernière pluie moi.

FANTA (*Etonnée*)

Hounfa, que se passe-t-il encore ? Ta nouvelle femme serait-elle toujours en train de te hanter ? Tant pis, je mangerai moi-même ce repas que tu refuses.

AÏCHA (*Enragée*)

Qui est-ce qui manipule imprudemment le feu au point de risquer de se brûler les doigts ?

NAN (*Tout doucement*)

Ne te sens aucunement vexée par ces propos, ma fille. Elle a menacé d'empoisonner son peureux de mari et maintenant, il refuse de manger son repas.

AÏCHA (*Elle éclate de rire.*)

Ainsi donc, il aurait peur de la mort ? Pourquoi donc s'incommoder avec tant d'épouses ? En tout cas, moi, ma prochaine tentative l'emportera. S'il te plait, mère, peux-tu dire aux autres femmes que j'invite chacune demain à l'union de nos forces pour une meilleure gestion de notre foyer ?

NAN (*Perplexe*)

Puisse cette initiative aboutir à une bonne entente dans notre maison !

AÏCHA (*Confiante*)

Tu n'en seras pas déçue, mère, je te le promets.

LE COMMERÇANT (*En lui-même*)

Pourquoi ai-je apporté cette vipère sous mon toit ? Je ne peux non plus me permettre un divorce prématuré, moi Hounfa. Que dira-t-on de moi dans ce quartier ? Patience ! Je marquerai un temps d'observation afin de voir clair dans les choses. Peut-être que l'avenir me donnera raison.

<u>Tableau XI</u> : La rencontre des femmes

Dans la cour du commerçant. Les quatre femmes d'Hounfa sont réunies à l'appel d'Aïcha pour une concertation sur l'avenir de leur foyer tandis que leur mari est allé à sa boutique.

* * *
*

AÏCHA

Mère, je te remercie d'avoir parfaitement passé la consigne. Mes sœurs, je vous remercie également pour avoir répondu favorablement à mon appel.

NAN

Ça n'a pas été facile de convaincre tout le monde de se présenter à cette réunion, surtout que depuis ton arrivée, deux clans se sont clairement distingués. Toutefois, j'ai insisté sur la nécessité pour chacune de nous de faire l'effort de t'écouter.

AÏCHA

Merci mère ! Je vois que je ne me suis pas du tout trompée sur ton intelligence et ta grande sagesse. J'essaierai de ne décevoir personne.

FANTA (*Pressée*)

Qu'as-tu à nous dire de très préoccupant ? Parle, nous t'écoutons !

AÏCHA (*Calmement*)

Tout d'abord, je vous donnerai des informations qui vous permettront de juger du sérieux de cette rencontre. Chacune de vous a sans doute remarqué que ma cuisine ; la dernière particulièrement, est très élaborée. Vous pensez sincèrement que de simples connaissances culinaires permettent ce genre d'exploit ? Eh bien, sachez à présent que notre mari m'entoure de certaines faveurs dont vous êtes totalement privées, malgré tous les déboires que je lui fais vivre. L'argent que vous utilisez pour la cuisine, par exemple, j'en ai le double chaque fois que je fais la cuisine, sans oublier de multiples autres traitements de faveurs que vous ne sauriez imaginer.

FANTA (*Abattue*)

Je commence maintenant à comprendre véritablement les propos de Nan, lorsqu'elle me disait que tu m'avais détrônée. Je reconnais aussi avoir bénéficié de grandes faveurs dès mon arrivée dans ce foyer, lesquelles ont subitement cessé dès les premières rumeurs du mariage d'Hounfa et Aîcha. Pas de doute, elle dit certainement vrai.

KARIDJA (*Piquée à vif*)

Pourquoi ne le révéler qu'aujourd'hui ? A quoi servirait d'ailleurs une telle information qui frise la moquerie ?

AÏCHA (*Sur un ton convaincant*)

Vous voyez, j'aurais pu garder ce secret pour moi toute seule et mener une vie paradisiaque tandis que cet injuste de mari déverserait sur vous ses colères quotidiennes. Mais, je ne suis pas égoïste. J'aime partager le bonheur et je suis prête à le faire avec vous, bien sûr, si vous acceptez mon offre.

KARIDJA

Dis plutôt que tu as peur de te retrouver un jour dans la situation que vit actuellement Fanta, lorsque ce vieux gourmand épousera une autre femme !

NAN

Même si tu lui reproches quelque chose, sache qu'elle a au moins le mérite de nous dire ce secret que nous étions loin d'imaginer. Et puis, n'oublie pas qu'Hounfa est musulman et qu'il ne lui est pas permis d'avoir plus de quatre épouses. Continue, ma fille, nous t'écoutons !

AÏCHA (*Encouragée*)

Merci mère ! Mes sœurs, comment pourrais-je vous aider si vous ne partagez pas mes idées ? Aussi, vous exhorté-je à l'union de nos forces aujourd'hui, afin de renouer avec les libertés que nous offre la vie. Pour réussir cet objectif, il est urgent que nous formions une association pour défendre nos droits de femmes respectables.

NAN (*Perplexe*)

L'objectif que tu poursuis est certes noble, je ne vois pas cependant comment mettre en œuvre tout cela. Ça sent tellement l'utopie.

FANTA

Et puis, quand bien même formerions-nous cette structure, y'aurait-il quelqu'une pour la diriger ?

KARIDJA

Seigneur, pourrais-je un jour avoir l'occasion d'exprimer ce feu latent en la femme, qui ne demande qu'une brèche pour s'éveiller et confondre cette aveugle phallocratie de notre monde ?

AÏCHA (*Heureuse*)

Eh bien, mes sœurs, à partir de cet instant même, nous formons l'association des heureuses épouses d'Hounfa, et moi, Aïcha, l'initiatrice, j'en suis la présidente et garante de vos droits et libertés.

(*Des applaudissements nourris saluent les derniers propos d'Aïcha, qui font vite place à des préoccupations de fonds.*)

NAN (*Pensive*)

Mais, pourquoi une telle association, puisque nous les femmes, n'avons en réalité aucun pouvoir ? Notre religion nous demande d'être toujours soumises à notre mari.

AÏCHA (*Nerveuse*)

Et cette religion demande-t-elle au mari de me traiter mieux que vous qui m'avez précédée sous son toit ?

(*Fanta et Karidja échangent rapidement un regard d'approbation.*)

NAN

Excuse-moi ma fille. Tu sais, je ne suis plus vraiment jeune au point de me comporter comme toi. Tu as pour toi, la jeunesse, la force et l'espoir.

AÏCHA (*Sur un ton convaincant*)

Ne t'en fais pas, mère ! Mes sœurs, cessez de pleurer ou de vous apitoyer sur votre sort ! Une loi vient d'être adoptée par les autorités du pays, et depuis, elle est expliquée par des spécialistes, sur les radios et les télévisions nationales et internationales. Et la grande innovation, c'est qu'elle ferait des femmes, des chefs de ménage au même titre que leur mari.

FANTA (*Epouvantée*)

Ça veut dire quoi tout ce charabia ?

AÏCHA

Que tu es maintenant chef au même titre qu'Hounfa, sauf si tu renonces à jouir de ce droit. Que toutes, nous sommes responsables de la marche de notre foyer, au même titre que ce mari injuste. Alors, je vous le demande : voulez-vous vivre heureuses ?

LES TROIS FEMMES (*Ensemble*)

Bien sûr que nous le voulons ! Nous te suivrons dans tout ce que tu entreprendras.

AÏCHA (*Victorieuse*)

J'irai de ce pas, donner une invitation à votre ancien dictateur, afin que se tienne ce soir même après le repas, une réunion de famille. Il est temps qu'il apprenne que le temps du totalitarisme est définitivement révolu.

LES AUTRES FEMMES

Nous te sommes infiniment reconnaissantes.

* * *
*

En fait, très calculeuses, les femmes ont vite fait d'évaluer leur force à quatre contre un. Aussi, prirent-elles solennellement une décision très courageuse : toute action engageant la vie du ménage ne serait plus exclusivement décidée par l'homme, mais donnerait préalablement lieu à un vote de tous les cinq chefs de la maison, selon les stricts principes démocratiques.

Tandis qu'Aïcha s'apprête à quitter ses coépouses avec une note rédigée à l'intention d'Hounfa qu'elle leur brandit au passage, elles entament ensemble un chant de circonstance ponctué d'applaudissements saccadés.

Chant

Il s'agit d'un chant à plusieurs voix dans lequel les femmes, en appels-réponses, deux à deux, livrent le fond de leur pensée.

- *Bienheureuses épouses, séchons nos larmes ! / - Bientôt s'ouvre pour nous une ère glorieuse.*
- *L'épi ne quitte-il pas le plant ? /- En quête d'une aventure audacieuse ?*
- *Scélérates, nous le sommes ! /- La liberté n'est-elle pas à ce prix ?*
- *Femmes des villes ! Femmes des campagnes ! /- Nourricières d'une vie rebelles, joignons nos voix !*
- *Pour une postérité glorieuse nous le devons ! /- Nos filles l'exigent !*
- *Enivré de gloires, Homme ! /- Le piment tu goûteras !*
- *Coq de la basse-cour ! /- Comme tintent assourdissants tes attributs !*
- *Femmes, nous sommes ! /- Ni décoratives, ni opportunistes !*
- *Dignité ! Dignité ! Dignité ! /- Femmes des femmes !*

- *Fini l'écrasement et ses parfums nauséabonds ! /- Nulle récréation, nulle prolongation !*
- *Le piment tu goûteras ! / - Le piment tu mangeras !*
  (Applaudissements saccadés)

<u>Tableau XII</u> : La convocation

La boutique du commerçant. Hounfa discute avec son ami Ali lorsqu'apparait au loin Aïcha, porteuse de la convocation.

* * *
*

ALI

Dis, mon ami, on dirait que ta santé est devenue très fragile depuis que tu as pris quatre épouses. Tout le monde pense que tu devais baisser un peu de régime. Tu sais, Aïcha est très jeune et beaucoup trop forte. Même si elle est belle, je pense qu'il ne serait pas mal que tu ailles doucement avec elle.

HOUNFA (*Il se racle la gorge.*)

Mon ami, si tu savais comme tout a changé chez moi depuis l'arrivée de cette vipère d'Aïcha. Elle risque de transformer toutes mes femmes avec son comportement excentrique. Je ne sais pas si j'ai bien fait de l'épouser.

ALI (*Etonné*)

Ne dis pas cela, tout le monde ici t'envie. Avoir une femme si belle, jeune et cultivée est un privilège que seuls peuvent s'offrir les personnes riches et respectées comme toi. Peu de gens de ton âge sont capables de vivre une telle grâce avant leur mort. N'assimile donc pas cette bénédiction à de la malchance, ce serait manquer de gratitude au Tout-Puissant.

LE COMMERÇANT

Ah Dieu ! Comment le comprendra-t-on ? Les gens vous envient, et ce qui les attire chez vous est ce qui justement vous fait souffrir. Je vais essayer de tenir encore un peu, mon ami. Mais, sache que ... (*Il voit arriver Aïcha sa jeune femme.*) Pardon, Ali, va-t'en avant que cette sorcière n'arrive ici. (*Feignant un sourire et à haute voix afin de se faire entendre d'Aïcha*) Comment-ça mon frère, tu t'en vas déjà ?

* * *
*

ALI (*Il se dépêche de s'exécuter*)

A bientôt, mon ami ! (*S'adressant à Aïcha*) Bonjour, notre femme ! Comment va la maisonnée ?

AÏCHA

Bonjour père ! Dieu s'occupe bien de nous. On n'a rien à plaindre.

ALI

J'espère que tu feras vivre le paradis à mon ami, ton cher époux.

AÏCHA

Oui père ! Pour le peu de temps que je viens de passer à ses côtés, il peut déjà en témoigner. Je salue mes sœurs, vos femmes ainsi que vos enfants. Que Dieu nous aide et nous épargne de la honte !

ALI (*Content*)

Merci, ma fille ! Que Dieu te comble de bienfaits ! (*Il prend congé des deux personnes.*)

* * *
*

LE COMMERÇANT

Qu'y a-t-il encore ?

AÏCHA

Je t'apporte ceci. (*Elle lui remet une feuille de papier comportant un cachet et parcouru d'une écriture rédigée au stylo à encre bleu.*)

LE COMMERÇANT (*Songeur*)

Tu sais que je ne suis jamais allé à l'école des Blancs. Qu'est-ce que c'est ?

AÏCHA

Une convocation !

LE COMMERÇANT (*Effrayé et tremblant*)

Quoi ? Mais, qu'est-ce que j'ai fait ? Tu veux me tuer, toi, je le vois dans tes yeux. Moi, Hounfa, tu veux me faire arrêter, me faire enfermer. Dis ! Qu'est-ce qu'il y a ?

AÏCHA (*Souriante*)

Ce n'est pas pour te rendre à la police, rassure-toi ! N'ai pas peur ! Ce sont tes femmes, c'est-à-dire nous, qui t'invitons à une réunion de concertation sur l'avenir de notre famille et de nos nombreux enfants, tous à bas âge. Ce sera ce soir, à vingt heures, après le repas.

LE COMMERÇANT (*Surexcité*)

Mais, de quel repas parles-tu, puisque c'est toi qui fais la cuisine aujourd'hui ?

AÏCHA

Ne t'en fais pas Hounfa, je suis de très bonne humeur aujourd'hui et tu auras droit à un très bon repas ce soir ; un vrai. Il en sera ainsi désormais, toutes les fois que je ferai la cuisine. Tu pourras même te défouler cette nuit, et jusqu'au matin si telle est ta volonté.

LE COMMERÇANT (*Pas du tout rassuré*)

A t'entendre, toi Aïcha, je crois rêver.

AÏCHA

Tu ne rêves pas, bienheureux Hounfa que tous envient. Nous tes femmes, après avoir réfléchi à comment faire pour te combler de bonheur, te convions maintenant à une réunion de consultation afin de récolter ton avis. C'est normal, puisque cela ne saurait se faire sans ta bénédiction.

LE COMMERÇANT (*Rasséréné*)

Tu ... as ... dit ... que ... c'est ... quand ... déjà, demande-t-il, bégayant et tremblant de bonheur, comme un enfant ?

AÏCHA

Alors, c'est d'accord pour vingt heures ?

LE COMMERÇANT

D'accord !

AÏCHA

Ok ! (*Sur-ce, la jeune femme déploya toute la souplesse de son corps fin et écrasa les talons hauts et pointus de ses chaussures sur le sol dur de la terrasse, en produisant un bruit métallique et s'éloigna, la hanche se balançant de gauche à droite, sous le regard ahuri de son mari, visiblement satisfait par l'apparente tournure heureuse des évènements.*)

LE COMMERÇANT (*Resté seul*)

(*En pleine méditation*) Dire qu'après tant de privations et de frustrations, je pourrais finalement jouir de tous les privilèges que me permet ma confortable position d'époux polygame ! Décidément, Dieu ne cessera jamais de surprendre son esclave que je suis ! (*Une larme échappe au vieillard dont le corps tout entier est parcouru de spasmes et s'écoule le long de sa joue.*)

* * *
*

Finalement, après une journée très longue et harassante passée à méditer les propos d'Aïcha, les yeux rivés sur sa montre, l'heure du repas du soir approcha. Sans attendre plus longtemps, le vieillard ferma précipitamment sa boutique et se mit en route pour son domicile.

<u>Tableau XIII</u> : La réunion de famille

La maison du commerçant. Pour la première fois de son innocente vie, le vieil homme découvre chez lui, émerveillé, un décor culinaire digne de ceux que l'on découvre généralement dans les restaurants occidentaux que présente souvent la télévision : un beau bac rempli de fruits divers, posé sur une table ovale recouverte d'une nappe colorée. Au centre de la table fleurie sont installées trois soupières brillantes et argentées contenant visiblement le copieux repas du soir, le tout baigné dans un panache d'odeurs appétissantes.

* * *
*

AÏCHA (*Accueillante*)

Bonne arrivée, Hounfa ! (*Malicieusement*) Bon Dieu, quel mari ponctuel tu es ! Je crois que j'aurais dû tout de suite sauter de joie en apprenant ton projet de mariage avec moi ! Comment a été ta journée ?

LE COMMERÇANT (*Très flatté*)

Il y a eu quelques achats comme d'habitude ; rien de vraiment spécial, Dieu merci.

AÏCHA

(*Alors que le vieillard parcourt, distrait, toutes les bonnes choses sur la table et dont les odeurs mettent à rude épreuve son odorat, lui rappelant tel mets africain ou occidental, s'efforçant de se rappeler certains noms*) Ton eau est déjà dans la douche. Ne traine pas trop de peur qu'elle ne refroidisse. Il fait frais aujourd'hui.

LE COMMERÇANT (*Surpris de l'innovation*)

Merci Aïcha ! Que Dieu te bénisse ! (*Il s'enfonce dans sa chambre, le visage débordant d'une joie juvénile, visiblement pressé de prendre une douche tiède mémorable.*)

AÏCHA

Fanta, j'espère que les cinq assiettes ont été disposées sur la table, de manière à correspondre aux divers emplacements des chaises !

FANTA (*Sceptique*)

Mais, Aïcha, tu penses sérieusement qu'Hounfa acceptera de s'asseoir à la même table que nous ? En tout cas, moi il me faut voir ça pour le croire.

AÏCHA

Il le fera, ma sœur, ne t'en fais pas ! (*Joignant le geste à la parole*) Pour chaque assiette prévue, prépare ainsi une cuillère, une fourchette et un couteau de table ... C'est bien ! ... Retourne comme çà l'assiette !

FANTA

Je me sens encore à l'école. Comme c'est joli tout ça ! Karidja, peux-tu m'aider à mettre sur la table, les bouteilles froides de sucreries ainsi que les verres ?

AÏCHA (*Satisfaite de la collaboration*)

C'est très bien ! Quand Hounfa sortira de la douche, il découvrira une merveille autre que celle qui a captivé son attention à son arrivée à la maison. N'oubliez pas, mes sœurs, de refermer le tout avec le couvert transparent criblé d'images de mets divers que voici ! Il faut qu'il sache que, nous les femmes, sommes capables de bien de choses que ne peut prévoir son petit cerveau phallocrate.

NAN

Ma fille, tu veux qu'on fasse comme chez les Blancs ?

AÏCHA

Mère, on appelle cela, l'é-vo-lu-tion. J'ai constaté qu'il apprécie cette façon de faire lorsqu'il la découvre à la télévision. Alors, pourquoi ne pas lui en faire profiter pour de vrai sous son propre toit ?

NAN (*Amusée*)

Ma fille, fais doucement avec moi. (*En souriant*) Tu sais que je ne suis pas allée trop loin dans les études. (*Hounfa parait au salon.*)

AÏCHA

(*Lui présentant la table garnie*) Hounfa, voici la bonne surprise que tes femmes ont réalisée à ton intention ! (*Lui montrant une chaise luxueuse*) Prends place sur cette chaise que nous avons ornée spécialement pour t'honorer !

* * *
*

Toujours arrêté comme un lycéen à son premier rendez-vous, le commerçant n'a pas fini de passer en revue la vaisselle et les vivres qui, sur la table, le faisaient voltiger en pensée lorsqu'une nouvelle adresse d'Aïcha le tira de ses rêveries. Se déplaçant machinalement il s'exécuta.

* * *

*

AÏCHA

(*S'adressant à Nan*) Mère, viens prendre place pour le repas ! (*En indiquant deux chaises*) Vous, mes sœurs, venez prendre place autour du repas de famille que nous allons partager avec notre mari pour témoigner du nouveau départ que toutes, nous attendons dans cette maison !

* * *

*

Le vieillard assiste alors à l'arrivée de ses trois premières femmes qui lui paraissent telles des étrangères, rajeunies par des soins de beauté excessifs et des tenues vestimentaires très moulantes d'adolescentes lui rappelant ses moments de célébrité ; les "ravages" qu'il occasionnait chez les jeunes filles alors que, dans la fleur de l'âge, il était celui que toutes rêvaient d'avoir pour ami. Toutefois, il reste horrifié à l'idée de partager le repas avec ses femmes qui, toutes s'installèrent autour de la table sans gêne apparente.

* * *

*

LE COMMERÇANT (*Abusé*)

(*Il tente de retirer légèrement sa chaise, mais celle-ci semble coincée. Alors, impuissant, il ânonne.*) Laï-la-a-a ! Allah kana en malo. Que Dieu nous épargne de la honte. Moi Hounfa, jamais je n'aurais envisagé la probabilité de me trouver un jour à la même table que mes épouses. Fasse Dieu, que tout ce calvaire prenne vite fin afin qu'aucun visiteur ne vienne me découvrir dans une telle posture ! (*A peine, le vieillard aborde-t-il quelque chose en arabe qu'Aïcha lui adresse la parole*)

AÏCHA

Ne sois aucunement choqué par ce changement, ô bienheureux mari ! Nous sommes au vingt et unième siècle et chacun doit évoluer avec son temps sous peine de le subir. Toutes ces innovations que tu découvres maintenant, ont été minutieusement préparées par tes femmes pour te faire uniquement plaisir. Nous avons de notre propre poche, loué ou acheté tout cela afin de t'inviter à une meilleure cohésion de notre foyer. Mais, que veux-tu, c'est aussi cela, être chefs. (*Les derniers mots, qui arrachèrent de grands sourires aux trois autres épouses, ne furent pas vraiment compris par le vieillard qui, comme un automate, se laissa guider par les moqueries manifestes de la rebelle.*)

LA MÊME

Nous, tes épouses légitimes, sommes reconnaissantes à Dieu pour nous avoir donné un si beau et généreux mari. Notre devoir est de t'aider dans tes tâches afin de te dispenser de certains soucis que seul, tu as très longtemps endurés sans te plaindre. C'est pourquoi, nous avons créé notre association afin que tu cesses de supporter seul tout le lourd fardeau de notre vie.

LE COMMERÇANT (*Flatté*)

C'est Dieu qui nous l'impose, nous les hommes. On n'y peut rien, c'est notre destin de nous occuper de nos femmes et de nos enfants. (*Visiblement soulagé*). Je suis content de votre initiative. Vous avez toutes mes bénédictions. Je vous apprends d'ors et déjà que je suis d'accord avec tout ce que vous auriez arrêté sans même connaitre votre plan dans les détails. Mais, j'imagine à quel point vous aurez des difficultés. Vous savez, ce n'est pas facile, les responsabilités. (*Les femmes se jettent mutuellement des regards amusés. Décidément, le vieillard ne comprend toujours pas le contenu de leur pensée. Toutefois, le festin se déroule sans incident, chacun restant silencieux devant son repas.*)

LE COMMERÇANT

Le repas a été très copieux. Je vous en remercie et vous demande l'autorisation de me retirer.

AÏCHA

Ne sois pas si pressé ! Nous n'avons même pas encore tenu la réunion. Attends donc un peu !

LE COMMERÇANT (*Impatient*)

Mais, je vous ai confié que je comprenais le bien fondé de vos agissements et que, par conséquent, bénissais votre entreprise. En quoi puis-je vous être encore utile ?

AÏCHA

Nous devons impérativement soumettre nos textes à l'approbation de tous les membres de la famille puisqu'ils seront désormais scrupuleusement appliqués à chacun de nous à partir d'aujourd'hui même. En tant que présidente des femmes, je vais tout de suite révéler les cinq premiers articles, apparemment les plus importants, puisque tu te montres pressé.

LE COMMERÇANT (*Dépité*)

Je t'écoute !

AÏCHA

Que chacun écoute très bien et, au besoin, pose des questions afin de se faire expliquer les passages équivoques. Peux-je commencer, mes sœurs ?

LES TROIS AUTRES FEMMES (*Ensemble*)

Nous t'écoutons !

AÏCHA

Article premier : les dernières dispositions nationales sur le mariage faisant tant de l'homme que de la femme, les chefs du ménage, Hounfa et ses quatre épouses constituent sans conteste, les cinq chefs de notre maison.

Article deux : les cinq chefs que nous constituons, nous les quatre épouses légitimes et notre époux, depuis les récentes lois de la république, disais-je, nous devons mutuellement secours et assistance en cas de problème quelconque concernant le foyer ou l'un de ses occupants.

Article trois : désormais, toute décision, concernant notre foyer, toute action, fera l'objet d'un vote préalable de l'ensemble des cinq chefs, selon les strictes règles démocratiques, avant de connaitre une exécution effective.

Article quatre : moi, Aïcha, je suis la présidente de l'association des épouses légitimes d'Hounfa et en conséquence, la première garante des libertés de tous ses membres.

Article cinq : les présents articles, lus et commentés, feront l'objet d'une totale application par tous les chefs du ménage. Ce sera tout pour le moment. Les autres articles pourront être consultés ultérieurement. (*Des applaudissements vifs clôturent cette séance. Aïcha invite ensuite chaque participant à la réunion à signer sur une feuille de papier garnie d'inscriptions indéchiffrables par le vieil analphabète.*)

LE COMMERÇANT (*Embarrassé lorsqu'arrive son tour de signer sur la feuille*)

Que faire ? Je ne sais ni lire ni écrire.

AÏCHA (*Souriante et amusée*)

Attends, je vais t'aider ! (*Entrainant la main maladroite du vieillard dont le stylo glisse entre les doigts, elle parvint à inscrire une minuscule croix.*) Ce n'est pas beau, mais, c'est largement suffisant.

LE COMMERÇANT

Mais, c'est pour quoi, cette inscription ?

AÏCHA

Avec ça, personne ne pourra se dédire et outrepasser les règles de notre famille sans risquer d'être aux prises avec les autorités.

LE COMMERÇANT (*Etonné*)

Les autorités ? Mais, c'est qui ça ?

AÏCHA

La police, la gendarmerie, les pouvoirs publics ...

LE COMMERÇANT (*Choqué*)

Mais, qu'est-ce qu'ils viennent faire dans les affaires de ma maison ? Sais-tu seulement avec quels diables de gens tu pactises Aïcha ? Ces gens qui fourrent leur nez dans tout ce qui ne les regarde pas. Tout le monde sait dans ce quartier ce que les policiers ont fait à l'ancien muezzin de notre mosquée lorsque sa petite femme a osé l'accuser de la violer. Ils se sont saisis du saint homme comme d'un vulgaire criminel ; un mois de prison, c'est ce qu'il a fait par la suite le pauvre. Tu as oublié çà ?

AÏCHA (*Indifférente*)

Et alors, tu devrais t'en réjouir tu ne vois pas ? N'est-ce pas à la suite de cet incident que ton ami, mon père, est devenu le muezzin de la mosquée et l'est resté depuis ? N'a-t-il pas ainsi un paradis tout assuré ?

LE COMMERÇANT (*Scandalisé*)

C'est le diable en personne qui parle par ta bouche, Aïcha. (*Il la dévisage les lèvres plissées de stupeur et s'en va.*)

<u>Tableau XIV</u> : La nouvelle loi

Des jeunes gens discutent dans une rue très fréquentée du quartier Moscou, de la nouvelle loi sur l'importance des conjoints dans le foyer.

* * *
*

PREMIER JEUNE HOMME

Eh mes frères, comment trouvez-vous la nouvelle loi sur l'importance des conjoints dans le foyer que l'Assemblée Nationale vient de voter ? Dire que ma femme à qui j'assure tout, de la nourriture jusqu'au plus insignifiant sous-vêtement, a le même pouvoir de décision que moi, dans la maison que je loue avec mon propre argent ; vraiment c'est fort quoi !

DEUXIÈME JEUNE HOMME

Cette loi a été abondamment expliquée à la télévision. Au fond, elle n'est pas si mal que ça : tu vois, depuis que j'ai perdu mon emploi, c'est ma femme qui fait l'essentiel chez moi à la maison. Et, ce qui est intéressant, c'est que, si elle meure avant moi ; je touche du bois, c'est moi qui lui hérite directement. La villa, sa voiture, son compte en banque ; tout ça me revient. J'ai des frissons rien que d'y penser.

UNE JEUNE DEMOISELLE (*Révoltée*)

Mais, toi-là, tu es mauvais quoi ! Donc, c'est la mort de ta femme que tu attends pour devenir riche ? Tu penses qu'elle est bête au point de rester avec toi jusqu'à la mort ? Qu'est-ce que tu lui donnes de bon ? Faut pas chercher travail tu vas voir !

PREMIER JEUNE HOMME

Tchié, c'est fort dêh ! Donc, moi aussi, je dois dire à ma femme qui ne fait rien de chercher du travail ?

LA MÊME DEMOISELLE

Toi-là, enlève ta bouche dans notre affaire ! Ce n'est pas à toi que je parle.

PREMIER JEUNE HOMME

Ah bon, donc, ce sont les femmes seulement que c'est venu arranger ou bien ?

LA DEMOISELLE

Quand je vais t'insulter, tu vas dire que je suis mauvaise. Est-ce que je t'ai adressé la parole ?

UN TROISIÈME JEUNE HOMME

En tout cas, moi, héritage de femme ne m'intéresse pas du tout. Et, si ce sont mes biens-là que ma femme regarde et puis elle est toujours avec moi, et puis maintenant elle met beaucoup de piments dans ma sauce-là, il faut qu'elle sache que chez moi, on ne fait pas comme chez les Blancs. Si je meure, elle ne peut pas voler les biens à mes parents qui ont souffert pour me trouver du travail.

UNE FEMME DE PASSAGE

Mon frère, en tant que fonctionnaire, cette loi me va très bien. Au moins, je n'ai pas à attendre le décès de mon mari qui est fonctionnaire comme moi pour bénéficier aussi des avantages salariaux que procure le fait d'avoir des enfants. Et puis, toi qui parle, je t'informe qu'à ta mort, seuls ta femme et tes enfants peuvent, au vu de la loi, hériter de tes biens. Quant à ceux que tu nommes tes parents, ils n'ont qu'à attendre leur tour, si toutefois le cas se présentait dans leur foyer.

LA PREMIÈRE DEMOISELLE

Ma chérie, moi, ce que je déplore, c'est que des gens font une très mauvaise lecture de cette loi ; ce qui peut la faire voir sous un angle négatif. En tout cas, j'ai une camarade qui, bien qu'étant dans un foyer polygamique, expérimente avec joie sa compréhension personnelle de cette loi.

PREMIER JEUNE HOMME

Si cette loi est vraiment bonne, on le saura dans très peu de temps. Ce que je sais en tout cas, c'est que les femmes semblent l'aimer.

TROISIÈME JEUNE HOMME

Mon frère, qu'est-ce que tu ne comprends pas ? Tu ne sais pas que femme aime "douffré" ? Si ça l'arrange, même si c'est pas bon pour l'homme, c'est pas son affaire. Mais, si elle-même, ça l'arrange pas, on peut pas respirer.

LES DEUX FEMMES (*En colère*)

Vous les hommes-là, vous ne savez pas que le monde évolue ? (*Les observant dédaigneusement*) Tchrourrr !

(*La foule se disperse.*)

<u>Tableau XV</u> : La solidarité des femmes

Chez le commerçant. L'application des lois du foyer du vieillard commence à révéler un caractère rebelle et l'homme ne tarde pas à en souffrir.

* * *
*

Peu de temps après la réunion de famille, le vieillard se rend compte de l'apparition d'une étrange solidarité entre ses femmes. Celles-ci sont gagnées par la manie de permuter à leur gré les séances de cuisine de manière que leur mari ne sait plus qui prépare tel jour ou tel autre et se fait constamment refuser le lit et renvoyer vers l'épouse de service du jour, par ailleurs celle également choisie par ses camarades, pour partager le lit conjugal. Et tout cela se fait en des moqueries qu'il perçoit très nettement, en dépit des excuses feintes qui lui sont à chaque occasion adressées. Excédé par cette attitude méprisante, il décide de prendre des renseignements auprès de la présidente de l'association des femmes.

* * *
*

LE COMMERÇANT (*Pâle*)

Aïcha, je ne comprends pas quelque chose qui, depuis quelques temps s'est installée dans ma maison et est en voie de se perpétuer. Il arrive qu'on m'adresse la parole dans la langue des Blancs alors que tout le monde sait dans le quartier que je n'ai jamais été scolarisé et par conséquent ne comprend aucun mot de cette langue très étrange. En outre, plusieurs fois, le lit m'est refusé sans que je ne sache vraiment pourquoi, par l'épouse devant assumer son tour de cuisine, celle qui, normalement, doit se mettre à mes petits soins. Même Nan s'y est mise à cette danse. La nuit dernière, Fanta m'a refoulé de sa chambre, prétextant que ce n'était pas son jour. Je ne comprends plus ce qui se passe. Qu'y a-t-il au juste ?

AÏCHA (*Elle éclate en rires.*)

Tu sembles être la seule personne à ne pas être informée de ce que tu restes l'unique homme pouvant se targuer d'avoir les épouses les plus instruites de tout Moscou. Réjouis-t-en donc plutôt que de trouver ce comportement dérangeant ! Concernant le deuxième aspect de tes soucis, toi aussi tu exagères. Mais, renseigne-toi d'abord avant de te rendre chez l'une quelconque de tes femmes plutôt que de surprendre les gens avec tes irruptions bizarres comme si tu nous épiais ! Tu ne sais pas que Fanta a permuté avec Karidja à cause des fatigues de la journée ?

LE COMMERÇANT (*Etonné*)

Comment-ça, permuté ?

AÏCHA (*Malicieuse*)

Ne l'oublie pas ; les chefs se doivent mutuellement secours et assistance. C'est à l'article deux de notre loi. Je suis sure que tu l'as compris, mais c'est surement l'attitude inoffensive qu'elle a affichée, surtout ses rires en réel amicaux, que tu n'as pas appréciés. Ne sois pas inutilement vexé, tout début est difficile et tu le sais bien. Tu finiras par t'y accoutumer. Et surtout, fais-toi expliquer les différents articles de notre loi. (*Rires*)

LE COMMERÇANT (*Honteux*)

Et aujourd'hui, c'est à qui le tour ?

AÏCHA (*Méditative*)

Aujourd'hui, c'est en principe moi. (*Croisant les bras, les mains posées sur les épaules*) mais, j'ai quelques courbatures et il se pourrait bien que Nan ou quelqu'une d'autre me remplace. Mais, on ne sait jamais ... On verra bien !

LE COMMERÇANT (*Impuissant*)

(*À voix basse*) Eh Allah, kana n'malo! Ne m'humilie pas Seigneur ! Aide-moi ! (*Il allait s'en aller lorsque la rebelle le rappela.*)

AÏCHA (*Les mains aux hanches*)

Hounfa, je t'ai parlé de courbatures n'est-ce ? Ne me dis surtout pas que tu l'as déjà oublié ! Eh bien, je voudrais te demander un tout petit service. Peux-tu essuyer le bébé de Nan que je viens de laver ?

LE COMMERÇANT (*Confus*)

As-safourlah ! Et tes sœurs, ne peuvent-elles pas t'aider ?

AÏCHA (*En colère*)

Tu vois bien que chacune d'elles est occupée à des tâches ménagères. Et puis, je les ai vues, mais c'est bien à toi que j'ai demandé le service. Ainsi, tu sous-entends que tu me le refuses ? (*Le vieil homme parcourt du regard les autres femmes qui, bien que toutes proches, simulèrent une fiévreuse occupation à des tâches qu'il ne perçu pas, feignant de ne rien savoir de l'incident qui se déroule sous leurs yeux et le lorgnant, repoussant avec effort un rire qui leur bloque la gorge.*)

LE COMMERÇANT

Mais, ... (*Il n'a pas le temps de terminer sa phrase.*)

AÏCHA (*Déchainée*)

La loi c'est la loi. Quiconque ne l'observe pas doit être sévèrement châtié. Tu t'opposes à l'application de l'article deux ? Alors, attends-toi à une sanction exemplaire !

Tableau XVI : Le procès

Chez le commerçant. Après une privation de nourriture et de toute autre faveur conjugale pour le soir, le vieillard reçoit une convocation et est traduit devant le tribunal des femmes afin de répondre de ses actes.

* * *
*

Le procès va débuter d'une minute à l'autre. L'accusé, Hounfa est assis sur un tapis de prière, les yeux rouges d'avoir passé la nuit à réfléchir, sans pouvoir fermer l'œil. Le chapelet à la main, le mouvement des lèvres à peine sensible, il égrène un zikr. Etroitement encadrée par les autres femmes, Aïcha achève de feuilleter un document. Le procès peut enfin commencer.

* * *
*

AÏCHA

L'article deux dispose que les chefs se doivent mutuellement secours et assistance en cas de besoin. Après avoir librement opté pour cette impérieuse nécessité, l'accusé a délibérément refusé de s'y soumettre. Alors, je demande : Hounfa, es-tu d'accord ou contre le fait que l'entraide est nécessaire à la bonne marche du ménage ?

LE COMMERÇANT

Mon souci a toujours été de rechercher le meilleur pour ma famille. Comment alors serais-je contre une disposition aussi évidente ? Oui, je suis de ceux qui croient ferme comme fer, que l'entraide est une condition nécessaire au bonheur dans le ménage.

AÏCHA

Pourquoi alors avoir refusé d'essuyer l'enfant de Nan alors qu'épuisée et mes coépouses très occupées, je te l'ai demandé ? (*Les autres femmes acquiescent d'un hochement de la tête.*)

LE COMMERÇANT

Aïcha, je ne sais pas d'où te viennent les idées déviantes avec lesquelles tu corromps le moral de tes coépouses, ni même les lois qui donnent à l'homme et à ses épouses, les mêmes attributions dans le foyer. Tu crois détenir là, l'instrument d'une vengeance ... (*Il n'a pas le temps de terminer sa phrase.*)

AÏCHA (*D'un ton sec*)

Il ne s'agit pas d'une vengeance personnelle, mais de l'émancipation des femmes, que des hommes parquent comme des animaux ... (*Elle n'a pas le temps de terminer sa phrase.*)

KARIDJA

Oui, ma sœur, il est temps que l'homme expérimente les effets de sa phallocratie, que nous, les femmes, subissons au quotidien sans nous plaindre, sans hausser la voix.

AÏCHA

Hounfa, parlant justement du mot attribution que tu brandis comme un étendard, crois-tu respecter ce terme lorsque, nouvelle dans ton foyer, je suis mieux traitée que les femmes que j'y ai trouvées ?

FANTA

Aïcha, c'est la providence qui t'envoie au secours de tes sœurs, trop longtemps martyrisées par les hommes. Que ces faibles qui s'arrogent le gracieux titre de personnes de sexe fort découvrent une fois pour toute, ce feu menaçant qui habite chaque femme et qui, s'il n'était maîtrisé par cette dernière, le consumerait à coup sûr.

NAN (*En extase*)

(Elle se met à chanter en s'aidant de claquements de mains.)
Parle femme, lionne dominante de l'arène !
Contre les incultes, exprime ta dictature !
Etouffe pour une fois, ces porteurs de chaine !
Pour ce long voyage, ménage ta monture !
Epuise ta colère, échafaud du destin
En tes lèvres suaves, tes sœurs ont un festin.
Vocifère ta rage, cabale de l'injustice
Pour toi existera toujours une amnistie.

AÏCHA

Taisez vos colères mes sœurs ! L'accusé, au lieu de se défendre, continue de nous narguer. Je requière, pour cela, que sa peine soit une semaine de privation de nourriture et de toute autre faveur. Pendant ce temps, il pourrait bien se débrouiller avec les restaurants qui pullulent dans le quartier. En outre, pour donner des preuves de sa bonne foi, il devra, après avoir purgé cette peine, effectuer pendant une journée entière, une activité d'intérêt familial. A cet effet, il pourrait choisir entre balayer la maison ou faire la cuisine, laver la vaisselle ou les enfants ou même s'occuper de donner le biberon au bébé de Nan qu'il avait refusé d'essuyer, par exemple.

FANTA

Je pense que la meilleure preuve de bonne fois qu'il pourrait nous donner serait plutôt de le contraindre à s'occuper, pendant une journée entière, de donner le biberon au bébé de Nan.

AÏCHA

C'est bien dit, ma sœur. Mais, avant que ma requête ne soit soumise au vote de tous, je vais donner la parole à l'accusé pour nous confier ses dernières prières.

LE COMMERÇANT

Je ne saurais dire exactement si tes vraies intentions sont de te venger ou de changer le monde, Aïcha. En outre, je sais une chose, c'est que tu ne pourras qu'en créer un nouveau ; celui des épouses insoumises et rebelles, celui de tes pensées brumeuses de femme rêvant d'une vie idéelle comme le sont les rêves de jeunes filles inexpérimentées. (*S'adressant à toutes ses épouses.*) J'aurais pu aviser l'imam ou les parents de chacune d'entre vous, qui actuellement, bénéficient de toutes mes attentions, mais, ce serait faire preuve de faiblesse dans la manière de gérer les affaires de ma maison. Ainsi, j'accéderai à vos désirs s'ils sont retenus d'après les règles établies par le cerveau hermétique d'Aïcha.

AÏCHA (*En colère*)

Mes sœurs, vous voyez bien que l'accusé insulte au lieu de se défendre. Il est donc temps de décider si oui ou non ma requête doit lui être appliquée. Nous allons voter sans plus attendre.

* * *
*

Le vote est accordé à raison de quatre voix contre une, celle de l'infortuné mari. Après avoir péniblement et stoïquement purgé sa peine, Hounfa s'apprête à entamer la dernière étape de la sanction : garder le bébé de la première épouse et lui donner le biberon pendant une journée entière.

<u>Tableau XVII</u> : Echos du procès

Dans les abords de la boutique du commerçant. Hounfa est dans sa boutique, tenant à la main un nourrisson pleurnichard qu'il tente de calmer en lui donnant un biberon. La rue voisine est de temps à autre empruntée par des curieux qu'attirent les pleures de l'enfant et l'attitude étrange du vieillard. Un petit groupe s'arrête et discute discrètement.

* * *
*

PREMIER CURIEUX

Djo, c'est bizarre dè ; le vieux commerçant-là, on n'a pas dit qu'il a jusqu'à quatre femmes ? Mais, il fait quoi avec un enfant qui pleure comme-ça ?

DEUXIÈME CURIEUX

Hounfa ? Mais, qui ne le connait pas ? Il a quatre femmes jeunes et instruites.

PREMIER CURIEUX

Donc, lui il vit comme les Blancs ? Moi, en tout cas, je ne peux pas aller au travail avec mon bébé et puis moi je vais lui donner le biberon. Sa maman fait quoi ?

UN TROISIÈME CURIEUX

La dernière femme de ce commerçant est une ancienne camarade de classe à l'un de mes potes. Elle lui aurait dit que le vieillard a été puni par ses quatre femmes. C'est peut-être ça la punition dont elle aurait parlé.

UN QUATRIÈME CURIEUX

Mais, ce type-là, il ment quoi ! Il a dit à ma femme, qui était venue acheter une boite de lait dans sa boutique, qu'il aime tellement cet enfant qui lui rappelle son enfance qu'il ne peut s'empêcher de le prendre tout le temps dans ses bras. Et maintenant, elle trouve que je ne suis pas aussi galant que ce vieillard analphabète. Or c'est parce qu'il est puni.

LE PREMIER CURIEUX

Tchié, lui, femme le commande ?

LE TROISIÈME CURIEUX

Ce que vous ne savez pas, c'est qu'il aurait même été jugé par ses femmes avant d'être puni. Avec ses yeux rougis par le sommeil et la fatigue, il parait qu'il était piteux à voir, le chapelet à la main, comme pour implorer le secours divin. (*Le premier curieux et le deuxième échangent rapidement des regards de stupéfaction.)*

LE PREMIER CURIEUX

Moi, femme va me juger ? Et puis encore ... dans ma maison ? Même si elle connait papier, ça, jamais !

LE DEUXIÈME CURIEUX

Si c'est vrai, c'est que ce gars-là, il est maudit. S'il ne maitrise pas ses femmes, il attend quoi pour divorcer ?

LE TROISIÈME CURIEUX

Il aurait déjà révélé à l'imam son intention de divorcer d'avec sa dernière femme, la nouvelle et la plus instruite de toutes. Mais, on dirait qu'il a peur que cela ne porte un coup fatal à son amitié avec le vieux Ladji, le père de cette dernière.

LE PREMIER CURIEUX

L'imam lui a conseillé quoi ?

LE TROISIÈME CURIEUX

Mais, toi-même, tu fais on dirait que tu ne connais pas les hommes de Dieu ; ils vous encouragent à vous marier, mais jamais à divorcer. Et puis, comme il n'y a pas longtemps qu'il a épousé la petite Aïcha, il a honte que les gens disent qu'il est incapable d'entretenir quatre épouses.

LE DEUXIÈME CURIEUX

Quand on est garçon-là, c'est pas ton camarade qui va te dire ce que tu vas faire. Si lui ; il ne peut pas divorcer, alors il n'a qu'à rester là à attendre qu'elles le tuent un jour.

LE PREMIER CURIEUX

Il y'a des gens qui souffrent dè ! (*Rires*)

* * *
*

Le petit groupe s'ébranle et quitte les lieux.

Tableau XVIII : Le projet de divorce

Dans le domicile du commerçant. Hounfa est décidé à rompre avec la nouvelle épouse dont l'arrivée dans sa demeure est à la base de grands bouleversements. Mais, son projet se heurte à la volonté contraire de ses autres femmes.

* * *
*

AÏCHA

Mère, tu sais ce qui se dit ces jours-ci à mon sujet ? Hounfa projetterait de divorcer. Enfin, je pourrais bientôt être libre et affronter paisiblement les prochains concours. En outre, ma mère ne risque rien d'autant plus que c'est le mari lui-même qui me répudie.

NAN

Ne dis pas cela, ma fille ! Tu ne vas pas nous abandonner, maintenant que nous profitons pleinement de la vie. Que deviendrons-nous, tes sœurs et moi sans toi ? Sa fureur, sur nous, serait insupportable. Qui d'entre nous pourrait encore rester ici si tu partais un jour ?

AÏCHA

Mais, mère, je t'ai déjà dit que je ne l'aime pas.

NAN

Je ne te demande pas de l'aimer, mais seulement, de sauver tes sœurs en restant ici, à lutter à leur côté. De toute façon, tu peux toujours présenter un concours, même mariée. En plus, tu peux l'amener lui-même à payer les frais que cela pourrait engendrer.

AÏCHA

Pour toi mère, j'accepte de rester. Mais, pour cela, il faut effrayer ce peureux de mari en lui brandissant la menace d'une convocation devant les forces de l'ordre. Il en a très peur. Je l'ai tout de suite su à son trouble lorsque je lui ai remis la convocation pour la réunion de famille.

NAN

Ne t'en fais pas ma fille ; je m'en charge.

* * *
*

Hounfa fait son apparition dans la cour. Il n'a pas le temps de saluer quand Nan le charge aussitôt.

* * *
*

NAN

Hounfa, je sais très bien ce que tu prépares. Tout le monde en parle. Mais, sache que, tu ne pourras divorcer avec Aïcha que si ta volonté est validée par un vote. D'ailleurs, j'irai de ce pas porter plainte auprès des autorités. La convocation arrivera incessamment.

LE COMMERÇANT (*Effrayé*)

Mais, Nan, depuis quand accordes-tu du crédit aux rumeurs, toi qui a toujours su faire preuve de grande sagesse ? Certes, il est vrai que je veux me séparer d'Aïcha dont l'arrivée ici coïncide avec mes malheurs. Mais, je compte le faire sans déroger à la règle que nous tous connaissons.

NAN (*Victorieuse*)

Je l'espère pour toi, car aujourd'hui même, à coup sûr, tu dormirais dans les geôles de la police. Maintenant que tout est clair, nous voterons ce soir.

* * *
*

Le vote est donc organisé. Sans surprise, les femmes l'emportent et le projet de divorce avec la sulfureuse Aïcha est avorté. Devant le regard médusé du malheureux mari, cette dernière frappe joyeusement dans les mains de ses coépouses comme le font couramment les joueuses de l'équipe nationale de handball, lorsqu'elles marquent un but ou battent une sélection adverse. Il n'en faut pas plus pour que le vieil homme piqua sa nième crise ; un autre AVC. Comme les deux précédentes fois, Hounfa est conduit à l'hôpital avec le concours des voisins, qui, alertés par les cris des femmes, sont venus à la rescousse.

<u>Tableau XIX</u> : La résignation

A l'hôpital, le médecin qui a eu l'habitude de recevoir le vieillard dans ses services de réanimation, est étonné de ses crises à répétition. Aussi, se renseigne-t-il auprès de ses épouses et d'un frère venus à son chevet.

* * *
*

LE MÉDECIN

Ce malade représente un cas très préoccupant, vu la récurrence de ses crises. Quelles activités pratique-t-il et surtout, quelles sont ses habitudes alimentaires ? J'ai l'impression qu'il fournit des efforts au-delà de ses forces ou consomme de l'alcool ou toute autre drogue dangereuse pour l'organisme.

LE FRÈRE DU COMMERÇANT (*Etonné*)

Docteur, mon frère est musulman et ne saurait par conséquent prendre une goutte d'alcool ou tout produit de ce genre.

NAN

Il ne s'agit de rien de tout cela, docteur. Mon mari travaille peu, car presque tout le temps assis dans sa boutique, causant avec des amis et faisant du thé. En outre, il est très bien nourri ; pas d'alcool, pas de cigarette. Mais, je pense que, quatre femmes aussi jeunes pour quelqu'un de son âge, ce n'est pas toujours facile à gérer.

LE MÉDECIN (*Surpris*)

Quoi ? Quatre femmes à cet âge ? Mais, il veut se tuer ?

LE FRÈRE DU COMMERÇANT

C'est une tradition chez nous, docteur. Notre père en avait aussi quatre, de même que notre grand-père et, avant ce dernier, ses père et grand-père.

LE MÉDECIN

(*S'adressant à Aïcha*) Mademoiselle, je suppose que ce vieillard est votre père. Je vous conseille de ... (*Il n'a pas le temps de terminer sa phrase.*)

AÏCHA

Vous vous trompez, docteur. Je suis Aïcha, sa toute nouvelle épouse ; la quatrième.

LE MÉDECIN (*Ahuri*)

Tout s'éclaire à présent. Excusez-mon erreur, madame ! Vous savez, ce malade récidiviste est hypertendu et affaibli par son grand âge. L'usage abusif du thé, ajouté aux dures contraintes qu'exige la gestion d'épouses aussi jeunes et nombreuses sont sans doute des situations qui fragilisent davantage l'individu, l'exposant à des crises. Il pourrait y laisser la peau un jour.

LE FRÈRE DU COMMERÇANT (*Scandalisé*)

As-safourlah ! La vie et la mort appartiennent à Dieu qui, seul, dispose de notre destin à sa guise. Hounfa n'est pas le premier membre de notre famille à posséder quatre femmes et ne saurait en être le dernier. Je suis sûr que le problème se trouve ailleurs.

LE MÉDECIN

Même si je trouve vos soupçons peu probables, j'avoue que je serais heureux que vous ayez raison. Toutefois, je ne sais pas si vous pouvez nous mener sur une piste.

* * *
*

Tandis qu'il discute avec le frère du malade, ce dernier qui, entre-temps a repris ses esprits réagit comme s'il voulait parler au médecin. Alors l'homme se rapproche du malade et il s'engage entre les deux individus une discussion étonnante.

* * *
*

LE MÉDECIN

Qu'y a-t-il, monsieur ? Vous voulez me parler ?

LE COMMERÇANT (*L'air désespéré*)

Docteur, je veux mourir. Je ne veux plus retourner chez moi, à la maison.

LE MÉDECIN (*choqué*)

Mais pourquoi cela, monsieur ? Votre état est stable et très encourageant. Vous allez très bientôt retrouver votre gentille famille.

LE COMMERÇANT (*En montrant Aïcha du doigt*)

Cette femme est un vrai démon. Je ne veux plus la voir. Je ne veux plus voir aucune de mes épouses. Ce sont elles qui me font souffrir. Docteur, laissez-moi mourir !

* * *
*

Suite à cet incident, le malade est déclaré délirant et dans un état psychologique général préoccupant. Il est mis en isolement dans une salle spécialisée tandis que ses femmes et son frère sont priés de se retirer.

<u>Tableau XX</u> : La consultation mystique

Chez Mory le marabout. Kalfa, le frère du commerçant cherche une explication au problème de son frère. Les dons de voyance du marabout pourraient l'aider à la trouver et peut-être aussi à conjurer l'horrible sort.

* * *
*

LE FRÈRE DU COMMERÇANT

As-salam aléikoum ! Que la paix et la miséricorde de Dieu soient sur toi, ô Mory, grand marabout parmi les plus grands de ce monde !

LE MARABOUT

Aléikoum salam ! Tu peux entrer, Kalfa, ma porte t'est toujours ouverte. Que me vaut l'honneur de ta visite ?

LE FRÈRE DU COMMERÇANT

Mory, tout le monde sait dans ce quartier que mon frère Hounfa est interné à l'hôpital, dans un état critique. Il souhaite sa propre mort. Walaï, je suis sûr qu'on lui a lancé un mauvais sort. Je veux en avoir le cœur net. (*Sur-ce, il fait rouler sur la natte, devant le marabout, deux pièces de cent francs.)*

LE MARABOUT

(*Avec un stylo noir, il marque de petits signes sur une feuille blanche. Puis procède à une forme de récapitulation en barrant progressivement les premiers graffitis, les remplaçant par d'autres, moins abondants et progressant ainsi sur la page. De temps en temps il marque une pause ponctuée de légers balancements de la tête, de gauche à droite. Enfin il s'arrête, se racle bruyamment la gorge et s'adresse à l'homme.*) Ton frère est menacé de folie. Il aurait dû écouter un fou qui se serait introduit sur le lieu de son mariage avec sa quatrième épouse. C'était en fait, l'esprit de l'un de ses ancêtres, venu le mettre en garde sur le fait que cette femme ne lui porterait pas bonheur. Sache que chacun de nous bénéficie de certaines faveurs lorsqu'il épouse un type de femme tandis qu'un autre type lui est défavorable. Il faut toujours consulter avant de prendre un engagement aussi important que le mariage et ne pas se fier seulement à ses sens.

LE FRÈRE DU COMMERÇANT

Que faire, maintenant que mon frère est malade ?

LE MARABOUT

Le sacrifice d'un bélier blanc est nécessaire afin qu'il recouvre la santé. Je peux m'occuper de réaliser ce rituel moi-même. Toi, occupe-toi de m'apporter rapidement le mouton. Ton frère devra en outre se frotter tout le corps avec un œuf blanc de poule africaine. Ensuite ce dernier sera brisé nuitamment à un carrefour. L'immolation de l'animal par mes soins et le rituel de l'œuf symbolisent la fin de sa vie actuelle et la naissance à une nouvelle existence, c'est la fin de la folie. Il doit aussi offrir un vêtement non usé, mais qu'il a déjà porté à un fou et me payer trente mille francs de frais afin de rompre définitivement avec cette folie car elle pourrait ressurgir subitement après qu'il a montré des signes apparents de rétablissement. Ensuite, il pourra décider lui-même de la suite à donner à sa vie. Plus rien ne sera comme avant.

LE FRÈRE DU COMMERÇANT

Avoir l'œuf ne me pose aucun problème. Par contre, je voudrais savoir de combien de temps je dispose pour réunir les moyens me permettant d'acheter le mouton et payer la somme demandée ?

LE MARABOUT

Je n'ai jamais envisagé la probabilité que tu fasses les dépenses toi-même, mais bien ton frère qui, lui est aisé. De toute façon, la balle est dans le camp de votre famille. Vous pouvez vous acquitter maintenant des exigences que nécessite sa guérison ou attendre que la folie s'installe véritablement et qu'il se promène en haillons dans les rues et venir payer des frais plus élevés pour des chances de guérison très minces.

LE FRÈRE DU COMMERÇANT

Je me débrouillerai pour t'apporter ce que tu m'as demandé. (*Il prend congé du marabout en lui promettant de revenir sans tarder.*)

LE MARABOUT

Je te l'ai déjà dit, trainer ne pourrait que vous occasionner des frais supplémentaires et accroitre les souffrances de votre frère et de votre famille.

* * *

*

En fin de compte, Hounfa dont l'état d'agitation semble s'être amélioré retourne à la maison et les exigences de son traitement sont remises au marabout qui procède au sacrifice du mouton. Après le rituel de l'œuf et l'offrande d'un boubou à un fou du quartier, la famille et les femmes du commerçant espèrent à la guérison du malade. Ce résultat reste cependant hypothétique.

<u>Tableau XXI</u> : L'incompréhension

Dans les rues du quartier Moscou. La population ne comprend pas les drames de la maison du commerçant.Un petit groupe se forme spontanément et devise sur les mystérieux évènements survenus dans la famille du vieillard polygame.

* * *
*

UN PREMIER HABITANT

(*Montrant à ses camarades, un fou vêtu d'un boubou très reconnaissable du vieux commerçant*) Mais, regardez ! C'est bien le boubou du commerçant que ce fou porte non ? Je n'aurais jamais cru qu'un fou qui passe le clair de son temps nu pouvait voler des vêtements afin de cacher sa nudité.

UN DEUXIÈME HABITANT

Mes frères, c'est la preuve qu'il commence à prendre conscience de la vie. Donc sa maladie serait en train de régresser.

UN TROISIÈME HABITANT (*Qui était un peu en retrait*)

Eh, vous-là ! Qui vous a dit que le fou a volé ce boubou ? J'ai vu de mes propres yeux, Kalfa le lui donner hier, tard dans la nuit. C'était après qu'il a vigoureusement brisé un œuf frais contre le sol à un carrefour.

LE PREMIER HABITANT

En tout cas, les gens de cette famille doivent faire plein de sacrifices même si Hounfa est de retour à la maison. Il semble en effet, d'après des rumeurs, que le mal qui le ronge provienne de sa maison même.

LE TROISIÈME HABITANT

Je ne te suis pas du tout. Comment de simples AVC peuvent être liés à une maison ? Je ne vois pas en quoi cela est possible.

LE PREMIER HABITANT

On dit que la plus jeune de ses femmes lui porterait malheur et qu'elle serait à la base de ses crises à répétition dont la dernière s'est muée en un début de folie.

LE DEUXIÈME HABITANT

Mais, vraiment les gens racontent n'importe quoi. Au lieu de dire que la jalousie maladive du vieillard veut lui couter la vie, on fait comme si la petite étudiante-là avait un pouvoir mystique pour lui nuire.

UN QUATRIÈME HABITANT (*Qui, jusque-là s'était tu*)

Ce ne serait pas tellement faux, après tout ce que j'ai appris concernant cette dernière. Il semble que depuis son arrivée chez le commerçant, les femmes y ont pris le pouvoir et elles soumettent le vieillard à une dictature cruelle.

LES TROIS AUTRES HABITANTS

Quoi ? Qu'est-ce que tu dis ?

LE DEUXIÈME HABITANT

De quelle forme de dictature parles-tu ?

LE QUATRIÈME HABITANT

Voilà ! Puisque tu veux que je parle plus clairement : Aïcha aurait monté toutes les femmes contre leur mari et aujourd'hui, il souffre dans sa propre maison. Même après son passage à l'hôpital, il est mystérieusement silencieux comme s'il est devenu muet. Il serait devenu fou suite aux crises qu'il a faites ; toutes provoquées par de fortes crises de colère répétées.

LE DEUXIÈME HABITANT

Mais, si c'est vrai, pourquoi il la garde toujours chez lui ?

LE TROISIÈME HABITANT

Mais, mon frère, ce n'est pas cette femme qu'il vient d'épouser-la ? Est-ce qu'il peut en même temps divorcer comme ça? Ce n'est pas trop tôt ça ?

LE QUATRIÈME HABITANT

Ce qui est sûr, c'est que demain matin, le conseil religieux se réunit dans la grande mosquée du quartier à cause des problèmes de cette famille. Il parait que les gens vont décider s'il faut libérer les femmes ou les laisser encore un peu chez leur mari. J'ai entendu dire qu'il n'est pas question qu'un fou garde plusieurs femmes dont il ne saurait quoi en faire.

* * *
*

L'apparition inopinée de Kalfa qui vient s'enquérir des nouvelles de son frère met fin au conclave ; le petit groupe se disperse.

<u>Tableau XXII</u> : Le conseil religieux

Dans la grande mosquée du quartier Moscou. Les guides religieux se sont donnés rendez-vous afin de décider de la suite à donner au problème du commerçant. Kalfa, le frère d'Hounfa est avec eux. Jamais le conseil n'avait encore eu à se prononcer sur le retrait ou non des femmes à un fidèle subitement frappé de folie.

* * *

*

L'IMAM

(*Il psalmodie longuement quelque chose en arabe, arrachant des "Amina" à l'assemblée. Enfin, il adresse directement la parole aux autres membres du conseil religieux.*) Que Dieu nous épargne de la honte et de toute maladie avilissante ! (*Amina de l'assemblée*) Chers frères, vous savez tous ce qui nous amène ici ce matin. Il s'agit de décider si Hounfa est toujours apte à garder ses épouses ou si celles-ci doivent au contraire être libérées et confiées à sa famille ou à leurs familles d'origine respectives. Mais, avant toute discussion, je vais donner la parole à Kalfa, le frère du concerné, qui suit au quotidien, l'évolution de la situation de son frère.

KALFA

(*Il se racle d'abord la gorge.*) Au nom de Dieu, le Tout-miséricordieux, le Très-miséricordieux, je remercie l'imam de me donner la parole. Le médecin qui a reçu mon frère n'a pas parlé de guérison, mais a seulement dit que les crises de son patient semblaient s'être calmées. Toutefois, à mon niveau, j'ai entrepris des démarches parallèles afin de régler le problème. Mais, malgré l'assurance qu'on m'a donnée, je ne peux dire que la situation de mon frère s'améliore vraiment.

MORY, LE MARABOUT

(*Sans attendre qu'on lui donne la parole*) Que Dieu nous préserve de tout mal ! Excusez-moi de prendre ainsi la parole. Un homme doit savoir reconnaitre la souche sur laquelle il a accroché son chapeau la veille lorsqu'il arrive à sa proximité. Ce que Kalfa vient de dire-la me concerne quelque peu. Il est venu me voir afin de conjurer le sort et tirer son frère de son embarrassante situation. J'espère que mes instructions ont été suivies à la lettre. C'est une condition nécessaire pour la guérison d'Hounfa. En outre, vous savez tous que Dieu seul guérit. Lui seul sait ce qu'adviendra du malade.

L'IMAM

Sache, mon frère, que nous savons reconnaitre les actes nobles que tu poses quotidiennement afin de redonner la joie aux familles de notre quartier. Nous t'en serons toujours reconnaissants. Toutefois, si Hounfa est fou, une décision doit être courageusement prise afin de permettre à ses épouses de jouir pleinement de leur vie en leur donnant la possibilité de se marier à d'autres personnes.

KALFA

Ce que tu dis est juste. Mais, j'ai peur qu'en précipitant les choses, on ne nuise à la fois à mon frère et à ses femmes. Combien de personnes peuvent-elles en effet, s'occuper aussi bien d'une femme qu'Hounfa dans ce quartier ?

L'IMAM

C'est justement de l'intérêt des personnes concernées qu'il est question aujourd'hui. Surtout celui des femmes qui, ici, ont beaucoup à perdre. Et c'est justement leur représentante qui a sollicité et obtenu que se tienne la réunion d'aujourd'hui. Il semble que le malade se comporte comme s'il se méfiait de tout le monde. Et il n'adresse la parole à personne. Il faut même gouter le repas avant de le lui donner sinon il ne le touche pas. C'est comme quelqu'un qui craint un empoisonnement ou qui a besoin de voir manger pour toucher au repas.

UN DEUXIÈME MARABOUT

Notre tâche est ardue et il est facile de se tromper et de commettre un très grand péché. Je souhaiterais qu'on attende encore un peu, le temps d'être situé sur l'état de santé réel d'Hounfa. Je pense ici à l'aide que le marabout Mory, très connu pour ses résultats positifs, est en train d'accorder à la famille. (*Mory hoche la tête en guise d'approbation.*)

L'IMAM

Je suis d'accord, si cela peut aider à arranger les choses.

MORY

Je me charge moi-même de calmer les femmes afin que cette mesure ne leur paraisse pas être une sanction. Une semaine sera nécessaire pour savoir la décision à prendre.

* * *
*

Tandis que le conseil religieux est suspendu et reporté dans un délai d'une semaine, un champ de jeunes filles attire l'attention de Kalfa et des marabouts. Il s'agit des anciennes camarades de classe d'Aïcha et de quelques amies, criant leur colère dans la cour de la mosquée. Le petit groupe toise brièvement celle foule ouvertement hostile et se disperse à la sortie de la cour. Là également, une foule massée accuse bruyamment la lenteur des méthodes des guides religieux, menaçant de prendre la situation en main si les religieux étaient incapables de régler le problème urgemment. Kalfa, est d'ailleurs hué, pris pour responsable de cette lenteur.

Table des matières

Printed by Books on Demand GmbH, Norderstedt / Germany